別府正之助
Beppu Shonosuke

経営を監視する
監査役
●日本型ガバナンスのキーパーソン

同文舘出版

はしがき

　今年もまた、上場会社だけでも数千人の新任監査役が誕生する。

　今までとはまったく違う職務に、とまどいと不安を抱えている方が多いように見受けられるが、一日も早く重要な役割を認識し、日本型ガバナンスの要としてそれぞれの会社の健全な発展に大いに貢献してもらいたい。

　監査役の真の役割は、「経営を監視し、CEOへの牽制役を果たす」という極めて重要でかつ、難しい任務である。生易しいものではないが、やりがいのある任務である。監査役としての覚悟を固め、英知を集めた実践を積み重ねて、他の誰もやれない、やりたがらない任務に信念をもって取り組んでいただきたい。

　監査役が行動を起こせば、会社は間違いなく変わる。明るく開かれた組織に変貌していく。会社が良い方向に変われば、そこで働く人々の気持ちも前向きになる。そして、日本の社会・地域も元気を取り戻せるのではないだろうか。

　第1章では、経営トップを監視する必要性や、社外取締役中心の委員会方式が日本で拡大しない理由を考察しながら、監査役の真の役割を考察する。

　第2章では、日本型ガバナンスの理想の姿を描いてみる。他社の実例やベストプラクティスを参考にしながら、自社ではどうあるべきかを考えてもらいたい。

　第3章は、監査役としてどのように経営を監視するのか、の実践編である。

　今、監査役に不足しているのは、「知識」よりも「覚悟」である

との思いで、本書では「心のもち方」や「立ち位置」について多くを述べた。この混迷の時期に、監査役というユニークな職にめぐり合われた方への激励と期待を読み取っていただければ幸いである。

目 次

はしがき

第 1 章　監査役を取り巻く環境

1. 新任監査役のとまどい ……………………………… 2

2. 理解されていない監査役の役割 …………………… 4

3. コーポレート・ガバナンス ………………………… 7
　(1) ガバナンスの本質 ………………………………… 7
　(2) エンロン経営破綻の教訓 ………………………… 11

4. 監査役(会)によるCEOの監視 …………………… 19
　(1) CEOの監視を必要とする理由 ………………… 19
　(2) CEOの監視は監査役(会)の任務 ……………… 23

5. 監査役(会)制度への批判 ………………………… 30
　(1) 理解されない三様監査 ………………………… 31
　(2) 議決権のない監査役は無力 …………………… 34
　(3) CEOが選んでいる監査役の限界 ……………… 40

6. 社外取締役義務化の動き … *41*
- （1）社外取締役導入の現状 … *42*
- （2）CEOの意図 … *43*
- （3）義務化への異議 … *45*
- （4）経団連の反対理由は不十分 … *49*

7. 広がらない委員会設置会社 … *52*
- （1）委員会設置会社制度の概要 … *52*
- （2）これまでの移行状況 … *56*
- （3）移行が進まない理由 … *58*

8. 政府系機関のガバナンス体制 … *63*
- （1）経営監視機能を定めていない通則法 … *63*
- （2）ガバナンス強化の方策 … *66*

第2章 日本型ガバナンスの理想の姿

1. CEOの正しい経営姿勢 … *70*
- （1）優れたCEOを選ぶ仕組み … *70*
- （2）CEOのあるべき姿 … *73*

2. 経営監視システムの構築と開示 … *78*
- （1）経営監視システムの構築 … *78*
- （2）「ガバナンス原則」の開示 … *81*

3. 活発に議論する取締役会 ……………………………… *81*

4. 経営を監視する監査役会 ……………………………… *87*
 (1) 役割の文書化と公表 …………………………………… *87*
 (2) 社内・社外監査役の人選 ……………………………… *92*
 (3) 社外監査役の活用 ……………………………………… *94*
 (4) 監査役スタッフ ………………………………………… *94*
 (5) グループ監査役会 ……………………………………… *95*
 (6) 監査役会の日常活動 …………………………………… *96*

5. CEO直轄の内部監査部門 ……………………………… *97*
 (1) 内部監査の重要性 ……………………………………… *98*
 (2) 内部監査組織の現状 …………………………………… *99*
 (3) CEOの大事な経営ツール ……………………………… *100*
 (4) 監査役会による支援 …………………………………… *103*
 (5) 監査役の「内部監査部門化」は不可 ………………… *104*
 (6) 内部監査部門への期待 ………………………………… *106*
 (7) 東証への期待 …………………………………………… *108*

6. 不正経理を防止する会計監査人 ……………………… *108*
 (1) 指摘事項の報告は監査役からCEOへ ………………… *109*
 (2) 監査役による会計監査人の監視 ……………………… *110*
 (3) 財務報告に係る内部統制報告書の監査 ……………… *111*
 (4) 会計監査人の選任権、報酬決定権 …………………… *112*

第3章　監査役(会)の実践

1. 監査役としての覚悟 …………………………………………… *118*

2. CEOとの定期面談 …………………………………………… *121*
　(1) 定期面談は当然の義務 ……………………………………… *122*
　(2) 事前準備 ……………………………………………………… *124*
　(3) テーマの選定 ………………………………………………… *128*
　(4) 面談の進め方 ………………………………………………… *131*

3. その他の経営監視活動 ………………………………………… *133*
　(1) 日常活動の留意点 …………………………………………… *133*
　(2) 経営監視の視点 ……………………………………………… *137*

4. 自己評価と自己研鑽 …………………………………………… *139*
　(1) 監査役会活動の自己評価 …………………………………… *139*
　(2) 自己研鑽 ……………………………………………………… *141*

おわりに ……………………………………………………………… *145*

第1章

監査役を取り巻く環境

　わが国特有の監査役制度は、100年以上の歴史をもち、これまで数度にわたる法改正で補強されてきたが、いまだにその評価は混沌としている。監査役（会）の真の役割は「経営を監視し、CEOを牽制する」ことにある点をあいまいにしてきたため、社内からも、海外の投資家からも十分な理解を得られていない。

1 新任監査役のとまどい

　監査役とは世にも不思議な職種である。

　数千万人のサラリーマンのなかで、将来は監査役になりたいと願って働いている方は皆無ではないだろうか。誰一人としてなりたいと思っていない職種が、ビジネスの世界に実際に存在しているのである。

　それが、ある日突然、社長に呼ばれて「君には今度監査役になってもらいたい」といわれたときの気持ちは、まさに驚きの一言であろう。

　ほとんどの新任監査役は、新しい職務への熱い思いを感じることができず、とまどいを抱えたまま就任している。

　取締役から就任する方、部長・支店長などの幹部社員から就任する方、あるいは子会社の監査役へ転出する方のいずれもが、似たような複雑な思いをもっているようだが、「心配は無用」である。

挫折感とラインを離れるさびしさ

　トップや経営陣の一角を目指して努力してきた方にとっては、ここでいよいよ行き止まりか、道は閉ざされてしまったのかという一種の挫折感を味わう。すでに要職にいた方は、左遷とか、降格と考えて落ち込むかもしれない。周囲も、「おめでとう」とはいわないし、精々「大変ですね」と声をかけてくれるのが関の山だ。

　長年にわたって、仲間と一緒に喜びや苦しみを共有してきたライ

ンの仕事から離れる寂しさもひとしおだ。部下を鍛え、育てる楽しみもなくなる。表舞台を去るような気分だろう。

　しかし、変化は過去との別れであり、未来への希望でもある。どのような職務にも、魅力と醍醐味があると心を新たにして欲しい。今までとは違った新しい仲間との出会いが待っている。

知識・経験不足の不安

　監査役は何をするのかよくわからないし、必要な知識も経験も持ち合わせていないのではないか、と不安になる方も多い。

　監査をするといっても、どのようにやるのか見当もつかない。会計の知識ももち合わせていないし、会社法もきちんと学んだことはない。ガバナンスや内部統制の話も今までは縁遠かった、と心配になる。

　監査役には部下もいないようだが、手助けもなしに一人で孤独に耐えながらやっていけるのだろうか、と心細くなる。

　しかし、心配はまったく無用である。それぞれの分野で功績を残してきた方だけに、変な先入観なしに謙虚に学ぶ姿勢さえあれば、必要な知識はすぐに習得できる。経験不足はまったく障害にならない。新しい職務に取り組む意欲があればそれで十分だ。

会社の役に立てるのだろうか、との不安

　これまで経営陣の一員として、あるいは中枢のポジションで会社の発展に貢献してきた方であればあるほど、引き続き会社の役に立てるのだろうか、との深刻な悩みを抱えこむ。

　先輩の監査役をみていても、存在感が薄く、充実感や達成感を味わっているようにみえない。もはや自分は会社にとって無用の存在

なのだろうか、との思いである。就任後、数年たってもこのような思いを断ち切れないままの方も見受ける。

しかし、社内で一番の適任者を監査役として選んだのに、このような思いをいつまでも引きずってもらっていては会社が困る。監査役にしかできない、監査役だからできる役割をしっかりと認識して行動すれば、すばらしい会社づくりに大きく貢献することができるのだ。

2 理解されていない監査役の役割

100年以上の歴史をもち、数度にわたる法改正で補強されてきた監査役制度であるが、その真の役割がいまだに十分理解されていない。一般社会や社内の周囲が理解していないだけでなく、監査役自身もいまひとつ腑に落ちていないようだ。

多くの監査役は、「自分の真の役割は何か？」「どの分野で会社に貢献できるのだろうか？」と悩んでいる。前任者はもちろん、周囲の人も的確な答えを教えてはくれない。参考書を手にしても、関連条文の解説や監査報告書作成の手続を詳述した実務書は多いが、監査役の役割をわかりやすく解説したものにはなかなか出会わない。先生方の講演を聴講しても、枝葉の知識は増えるが、本質が理解できたとの確信がもてない。

「利益を稼ぐ」、あるいは「利益を生むビジネスをサポートする」役割で全力投球してきたビジネスパーソンにとっては、わかりにくいのは当然かもしれない。

「会社とは何か？」「社会の公器である会社（とくに、上場会社）はいかにあるべきか？」「不祥事を起こさず社会に貢献していくには、どのような組織運営が必要か？」「社長の暴走を止める手立ては講じられているのか？」などを深く考える機会がほとんどなかった方にとっては、監査役の真の役割をイメージできないのも無理はない。

監査役が果たすべき真の役割、そして監査役にしかできない任務は、**「経営の監視とCEOへの牽制役」**である。**「日本型コーポレート・ガバナンスの要」**となる大事な役割でもある。

多くの監査役にとまどいと悩みをもたらしている最大の要因は、この役割が十分に理解できていないことにつきる。経営者や、社員に、あるいは一般社会に「監査役とは何をする人か？」を十分理解してもらうには、まずは監査役自身がこのユニークな役割をしっかりと認識して、行動しなければならない。

経営の監視

経営の監視とはどのようなものだろうか。会社法の関連条文は、次の2つである。

○会社法（監査役の権限）
　第381条　「監査役は、取締役の職務の執行を監査する。」
○会社法（取締役会の権限等）
　第362条②二「取締役会は取締役の職務の執行の監督を行う。」

「監査（Audit）」と「監督（Supervise）」を無理に区別してその違いを事細かに解釈している学者もいるが、実務界では意味のない議論である。

両者は同義語であり、いずれも「企業経営上の問題点を指摘して、その是正を促す」ことを意味している。

法制上の監査や監督という表現を使うと、言葉の定義論議に巻き込まれるので、本書では同義語である「監視（Oversee, Oversight, Monitor）」を多く使っている。「経営の監視」とは、経営を監査し、監督することと同じである。

つまり、会社法では、監査役と取締役会の二つの機関に、取締役の職務の執行を監視する権限を与え、義務を課しているのである。

CEOへの牽制

「経営の監視」とは、とりもなおさず代表取締役社長または代表取締役会長の経営振りや言動をチェックすることにつながる。社長または会長は、CEO（Chief Executive Officer＝最高経営責任者）として絶大な権限と重大な責任をもって経営全般を指揮している。

その仕事ぶりを冷静に監視し、問題があれば指摘して改めてもらうのが監査役の任務である。もし過不足のない経営が行われているなら、CEOに適切な評価を伝え、さらなる発展を促し、激励する役目でもある。

監査役候補者は事実上CEOが選んでいるが、就任と同時に監査役はCEOの部下ではなくなる。就任当初は、すんなりと納得できかねるかもしれないが、監査役は「監視する人」であり、CEOは「監視される人」であるというお互いの立ち位置を忘れてはならない。監査役になった以上、監視する側に立っていることを意識してCEOとは一定の距離を置く必要がある。

自分を選んでくれたCEOを監視するとか、牽制するという役割は荷が重過ぎる、あるいは立場が違いすぎて不可能だ、と思ってい

る監査役がいても不思議ではない。しかし、社内で他の誰が、どの機関がこのような大変な役割を担ってくれるだろうか。

社内で経営を監視する機関は監査役（会）以外に存在しないので、監査役（会）に期待されている任務を放棄してもらっては会社が困る。最大のリスクである経営者リスクに対して、会社を「無防備状態」に陥れてしまわないように監査役（会）がCEOを監視・牽制しなければならない。社内に「代役」は存在しないと心してもらいたい。

3 コーポレート・ガバナンス

監査役にとって、最も重要なキーワードは「コーポレート・ガバナンス（Corporate Governance）」である。

「ガバナンスとは何か？」「自社のガバナンスのどこに問題があるのか？」「他社や海外のベストプラクティスから何を学ぶべきか？」、任期中、何度も繰り返して深く考えてもらいたいテーマである。

(1) ガバナンスの本質

株主の視点からのガバナンス

コーポレート・ガバナンスは「企業統治」と和訳されているとおり、「誰がどのように会社を統治していくのか」という本質的な問題に答えることである。

その定義は一様ではなく、次のようにさまざまな表現がみられる。

○企業を監督し、統制するシステム
（The system by which companies are directed and controlled）
○株主の権限と要望に、企業を敏感に反応させるプロセス
○インセンティブメカニズム（報酬契約、機関設計、運営ルールなど）を駆使して、経営者に効果的な経営を動機づける仕組み
○投資家が投資のリターン獲得を確実にする手法
○取締役会、経営者、株主間での権利と責任の配分
○企業の公正さ、透明性、説明責任を促す仕組み
○企業と株主の関係
○企業を健全に、持続的に発展させる仕掛け
○CEO主導の企業不祥事を防止するシステム
○適正な利潤の追求と持続的な成長、加えて健全性と社会的な信頼を確保するための会社機構

　表現は多様だが、基本思想は一つである。アングロ・アメリカ流の株主主権論をベースにした株主（会社の所有者）と経営者（株主の代理人）の関係をどうするのかが、これまでのガバナンス議論の基本であった。
　つまり、会社の所有者である株主は、株主利益を最大化するために会社をコントロールできる仕組みを作ろうとする。
　現代では、企業の所有と経営が分離しており、所有者でかつ究極のリスク負担者である株主が直接企業の経営に従事することはないので、株主は自らの代理人として会社経営を監視する取締役を選び、CEOをはじめとする経営者を規律づけようとする。株主の期待に応えられない経営者は取締役会が罷免するという、まさに株主による企業の「統治」体制である。

> **アメリカ優良企業の一つであるProcter & Gamble社の定義**
> 「コーポレート・ガバナンスとは、経営陣が投資家（債権者を含む）の権利を守るべく行動するのを確実にするための、株主、取締役会、経営陣の三者間の関係をいう。」

三者の関係は次のように図示できる。

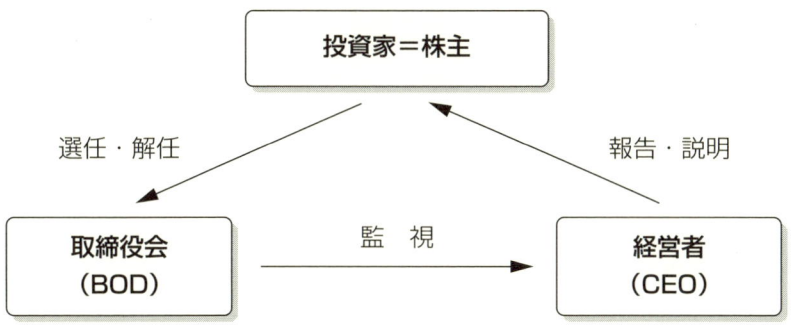

すべてのステーク・ホルダーを考慮したガバナンス

　株主主権型ガバナンスは、近年もろもろの矛盾をさらけ出してきた。株主だけを意識する、あるいは一番重要なのは株主だと考えて行動する企業（とくに、上場企業）が、社会に重大な悪影響を及ぼす事例が目立ってきたのである。

　一例を挙げれば、自社製品の欠陥を知りながら、株価の下落を恐れて製品のリコールをためらうなど、株主を重視するあまり社会に被害を及ぼし、場合によっては人命を損なうことも起こりうる。

　アメリカにおけるステーク・ホルダーの序列は、一に株主、二に取締役、経営者、ついで取引先や銀行、最後に社員といわれている。一方、日本では、一に経営者（取締役）と社員、二に取引先や銀行、

最後に株主の順番で、これまで株主がやや軽視されていた面は否定できない。

株主が小口・多数になればなるほど、株主だけでなく、消費者、取引先、社員、地域社会などのすべてのステーク・ホルダーにバランスよく目配りしたガバナンスが求められてくる。

会社は社会の一員として、健全な経営を通じて社会に貢献するために存在しているのだから、自らを律する仕組みを構築し運用しなければならない。外部から強制される「企業統治」ではなく、内部で自発的に作り出される「企業自治」あるいは「企業自律」が今、期待されているガバナンスといえよう。

なお、株式会社だけでなく、政府系機関、公益法人、学校、ＮＰＯ、組合など、あらゆる組織においても、ガバナンス、つまり自治、自律の仕組みが不可欠であることはいうまでもない。

リーダーシップとモニタリング

企業活動の基本理念は、「効率性」と「健全性」の追求である。「効率性」は、経営者の迅速、的確な意思決定と業務執行を通じて競争力を高めることであり、「健全性」は経営の監視を通じて経営者を牽制し不祥事を防止することである。

企業内部に、効率的な経営を推進するリーダーシップと、健全な経営を保証するモニタリングの機能をバランスよく組み込んで運用する「企業自治」の仕組みが即ち、今求められているコーポレート・ガバナンスである。

(2) エンロン経営破綻の教訓

　2001年は、世界中にとって忘れることのできない年となった。9月11日にニューヨーク・ワールドトレードセンターなどへの同時多発テロが、11月にはエンロンの倒産事件が起きた。二つの事件によって、世界中の人々が、自分たちが生活している社会の足元を根本から見つめ直さざるをえなくなったのである。

　とりわけ、資本主義のお手本としてきたアメリカで、全米有数の大企業だったエンロンが、ガバナンス面で多くの教訓を残して突如、破綻した衝撃は甚大であった。エンロンは、過去4年半にわたる不正経理の訂正報告を機に経営破綻に追い込まれたが、長年にわたる上場会社の暴走はどうして食い止められなかったのだろうか。

　しかも、「腐ったりんご」はエンロンだけではなく、他にも多くあったことが判明し、アメリカ株主資本主義への不信・疑惑が一挙に高まった。

　アメリカ議会は短期間で企業改革法（Sarbanes-Oxley Act 2002、SOX法）を制定し、政府の介入・罰則の強化を図ったが、2008年の金融危機では、依然として資本主義の根源的な課題は解決されていないことが改めて露呈したのである。

　エンロンのガバナンスはどこに問題があったのかを振り返り、いまだに確立されていないガバナンスのあるべき姿を考えるうえでの参考にしたい。

①エンロンが露呈したガバナンスの欠陥

> **Enron Corporationの概要**
> ・電力、天然ガス関連トレーディング会社
> ・本社：テキサス州ヒューストン市
> ・2000年売上高は初めて1,000億ドル（1999年400億ドルの2.5倍）を超えて全米第7位。
> 　（注）金融商品は売買差額だけが売上高にカウントされるが、エネルギー関連商品は売買の価格全体を売上に計上。
> ・2000年2月には、経済紙フォーチューンが5年連続で「全米で最も革新的な企業」に選出。
> ・ピーク時の株価は90ドル（ＰＥＲ55倍）、時価総額約700億ドル。

トップの歪んだ経営姿勢

　エンロンの経営者は、自由な取引の市場を唱え、「利益」と「さらに大きな利益を稼ぐ方法」のみを追求する経営姿勢で積極拡大を続けた。

　会社を存続させ自らの資産を増やすために、株価を上げて時価総額を膨らませることを最大の目標として経営し、業績悪化は不正経理で隠蔽し続けた。

　CEOを含む経営陣はストック・オプションを利用して少なくとも11億ドルを売り逃げしていたといわれている。その間、社員には、401Ｋ（確定拠出型退職年金）や従業員持ち株制度でエンロン株の購入を強く推奨しており、ある時機には社員による持ち株売却を阻止していた。

CFOは、自分が設立したSPEとの取引で少なくとも3,000万ドルを懐に入れていたことも判明している。

> **ケネス・レイ会長兼CEO**
>
> 　創業者で、経済学博士、連邦政府の元エネルギー政策担当、元ジョージ・ワシントン大学助教授。
>
> 　15年以上にわたり取締役会議長及びCEOとしてエンロンの経営を指揮してきた。
>
> 　同氏は、2006年5月に有罪が確定し、同年10月には40年ほどの懲役刑が言い渡される予定であったが、直前の7月に64歳で没。

機能しない取締役会

アメリカの教科書には取締役会の役割として次の3点が記載されている。

①会社と経営陣の監視（Control）
②会社と一般株主間のつなぎ役（Service）
③経営戦略の策定（Strategy）

3つのうち最も基本となるのはControlであるが、これがまったく機能していなかった。

メンバーは、社内からは創業者のCEOのみで、他の15名は全員社外取締役で構成し、取締役会議長はCEO自身が務めていた。総会に上程する社外取締役候補も、部下のオフィサーの人事もCEO自身が決めており、自分で自分をCEOに指名する仕組みであった

ともいえる。特別目的会社（Special Purpose Entity ＝ SPE）約3,500社の滅茶苦茶な仕組みを承認するなど、経営者の説明を鵜呑みするだけの機関だった。

　所有と経営が分離されると、経営者支配、経営者主権がまかり通り、CEOは絶対権力者となって取締役会は機能しなくなるが、その典型的な実例であったといえる。過半数をはるかに超えるほとんど全員が社外取締役の取締役会であっても、CEO一人で意のままに操れたのである。

お飾りの社外取締役

　社外取締役（Outside directors）は、GEの元会長兼CEOや大学教授など著名人ばかり。しかし、独立性を維持し、取締役報酬以外は受け取らずに、CEOを監視するという役割の認識はなかったようだ。

　年間4～5回の取締役会のために準備して出席する報酬は年間5万ドルと標準的であったが、2000年には各人に80万ドルを超える価値の株式とストックオプションが与えられていた。

　15名のうち、6名は利益相反取引を行っていたことが事後の調査報告書で明らかになっている。ある取締役は、エンロン以外に上場会社だけで10社の社外取締役に就任していた。

　典型的なお飾り社外取締役ばかりで取締役会が構成されていたのである。

　取引関係のある会社のCEOや、個人関係の深い人をお互いに選びあっていると、社外取締役の相互持合い状態（Interlocking Directorate）となって、仲良しクラブ化して監視機能は形骸化する。

形だけの Audit Committee（監査委員会）

　Control の核となるべき Audit Committee も、まったく機能していなかった。社外取締役6名で構成され、委員長は元スタンフォード大学ビジネススクールの学部長。委員長は、本来は3～4年で交代すべきだが、財務知識が必要だということで1985年の創業時から15年以上も継続していた。

　米国商品先物取引委員会の委員長をつとめていた経済学博士（その夫である上院議員はエンロンから多額の政治献金を受けていた）、元GE会長兼CEO、国外居住者3名など、そうそうたるメンバーは一体何を考えて就任していたのだろうか。メンバーのうち1名は、委員会の25％にしか出席していなかったことも判明している。

風通しの悪い企業風土

　社員を6ヶ月ごとに評価して最低ランクの15％程度は退社させる仕組みのもと、社内の内部結束や士気は破壊されていた。評価の手法は恣意的で主観的だったので、社員の半分は職を失うかもしれないという不安のなかに置かれていた。上司は部下を従順にさせるときや不満を抑えるためにこの評価制度を利用したといわれている。

　結果として、自分の意見を述べない、不法なビジネス慣行に対する疑問を口にできないような社風を形成していった。

　ヒューストン市で生活の基盤を作ってきた社員にとって、同じような高い報酬を得る他の職場を選ぶこともできず、目をつぶり、じっと我慢する方が楽だったともいえる。

抜け穴探しの経理部門

　世界中で約600人の公認会計士を社員として抱えていた経理部門

第1章　監査役を取り巻く環境

は、Creative Accounting（創造的会計）の名のもとで、会計ルールの抜け穴を探し、選択できる会計基準を利用しては見せ掛けの利益を膨らますことに奔走していた。

- Mark-to-market accounting（時価による洗い替え会計）
 もろもろの契約を時価評価して、将来の利益を評価益として認識。
- 連結対象にならないSPEを次々と設立して、損失と債務を隠蔽。
- 自社株を利用したヘッジ取引など。

アウトソーシングされた内部監査部門

　1990年代初めに、監査部長は40名の部下全員とともにアンダーセン会計事務所に移籍（自らはアンダーセンのパートナーに就任）し、引き続き内部監査のアウトソーシングを引き受けていた。

　さすがに破綻の1年半ほど前には、再びエンロン社員で構成した内部監査部門を設けたが、内部監査をすべて外部者に任せているようでは、会社を良くする志と使命感に支えられた内部監査など望むべくもなかった。

　内部監査部門が不正経理の問題点を指摘したり、Audit Committeeへ直接報告した痕跡は見当たらなかった。

株価だけが関心事の大株主

　一般株主はともかく、大株主であったCalPERS（カルフォルニア州職員退職年金基金）のような機関投資家は、もっと早く警告を発すべきであった。しかし、エンロンの経営に発言するどころか、SPEに出資するなど、深い関係にあったことが判明している。

機関投資家も、株価が上昇している間は株主総会で何も発言しなかったのである。

おざなりな会計監査

ビッグ5のなかでも一番優秀と自負してきたアンダーセン監査法人がエンロンから得た2000年度収入は、5,200万ドル。うち、2,500万ドルが会計監査報酬、残りの2,700万ドルがコンサルタントフィーだった。

会計監査とコンサルタント業務を請け負っている監査法人は、検察と弁護士の仕事を一緒にやっているようなものだ、との批判にさらされていたが、巨額のコンサルタントフィーを手放すような決断はとてもできるものではなかったようだ。

会計監査にしても、次年度の契約が継続されるかどうか不明であれば、怪しげな会計処理に「No」といいにくくなる。またアンダーセンからエンロンへ転職した経理部門幹部との馴れ合いもあって、不正経理はエスカレートしていった。

エンロン以外にも、アンダーセンが監査していた会社（Sunbeam, Waste Management, Global Crossing, Quest, WorldCom）で次々と問題が発覚して、ついに、全米26千人、世界中で8万人の巨大監査法人が消滅するに至った。

不誠実な証券会社

エンロンの粉飾決算が判明した後も、アナリスト17人中16人が、エンロン株の「買い」を推奨していた。株式のブローカー業務と、増資や社債発行の引き受け業務を行っている証券会社は、その会社の悪いことはいわず、結果として投資家をだまし続けていたことに

なる。

行動が遅れた政府

　エンロンの不正経理を放置していたのは、SEC（証券取引委員会）の監督が不十分であったとの見方も根強い。会計監査法人がコンサルタント業務を兼務して会計監査をおろそかにしているのを放置していた責任も問われている。

②エンロン崩壊から学ぶべきこと

　エンロンスキャンダルは、経営陣の倫理観欠如、ストックオプションを利用した異常な高額報酬、株価至上主義、過大なリスクテーキング、不正経理、機能しない経営監視体制、社員使い捨てなど、多くの面で問題があった。

　このうちの最大の問題は「経営者の歪んだ経営姿勢」と「経営監視機関の機能不全」であった。言い換えれば、「経営者を監視して歪んだ経営姿勢を正す仕組み」がまったく機能していなかったことである。

　外部（大株主、会計監査法人、証券会社、格付機関など）からの監視力に限界があるのはある程度理解できるが、注目すべきは、内部の抑止力（社外取締役中心の取締役会、Audit Committee、幹部社員（オフィサー）、経理部門、内部監査部門など）がまったく機能しなかった点である。経営者と頻繁に接触できて、情報も入手できる立場にいた内部の人が声をあげない、あるいはあげられなかったのである。

　エンロンを反面教師として学ぶべき点は、「トップを監視できない組織は危うい」ということにつきる。

4 監査役(会)によるCEOの監視

　エンロンの事例でも明らかなように、CEOを社内で監視する体制が機能していない会社は危うい。なぜCEOを監視すべきか、社内のどの機関が監視機能を発揮すべきか、を考えてみる。

(1) CEOの監視を必要とする理由

　CEOは会社のトップとして強大な権限を行使できるだけに、「独裁者」や「裸の王様」にしないための監視の目が必要となる。

①経営トップリスクへの対応

　すべての企業に共通して存在するリスクは、「経営トップリスク」である。経営トップであるCEOは、人事権を含め経営全般にわたり絶対的な権限をもっており、その影響力は圧倒的である。会社は、CEOの力量や判断次第で傾いたり、行き詰まったりするリスクを負っている。

ふさわしくないCEOが選ばれるリスク

　CEOはどのようにして選ばれているのだろうか。
　形のうえでは、株主総会で取締役が選任され、その後の取締役会でCEOが選ばれる。実際には、社外取締役中心の指名委員会を設けていないほとんどの日本企業では、前任CEOが次期CEO候補を

指名している。

　候補者が所信表明するわけでもないし、取締役や幹部社員の意向が反映されるわけでもない。つまり、選任のプロセスは闇のなかで、決定の結果のみが社内外に発表される仕組みである。

　前任CEOの人をみる目が曇ったり、自分の都合ばかり考えて後任候補を選ぶようでは、適任でない方が次期CEOになってしまうリスクを避けられない。

　またCEO再任の場合は、反対するような取締役はあらかじめ退任させておけば、自分で自分をCEOに選ぶこともできる。「ふさわしい方が選ばれるのを祈るのみ」というのでは、会社としてあまりにも無策すぎる。

　社外取締役中心の「指名委員会」で選ぶという方式もあるが、これも万能ではない。CEOの最重要な仕事である「後継者の育成と選抜」を社外取締役の手に任せてしまうのは任務放棄ではないか、との見方にも一理ある。

　CEO選出の決め手は存在しないと考えて、現CEOの後継者選定の判断が狂わないように、あの手この手の監視の目を社内で光らせることが必要となる。

CEOがおかしくなるリスク

　就任直後は、自制自戒の気持ちをもち、会社発展のために全力を尽くしていても、年とともに社内での絶対権力者は変わっていく。CEO本人が自戒していても、周囲や部下が確実に変わる、そして権力は徐々に腐敗する。

　CEOには、もろもろの重圧を背負って、孤独に耐えながら、日夜苦労しているとの自負があるので、異なる意見や忠告には耳を傾

けるどころか、むしろ怒りさえ覚えるようになる。一方、おもねりや追従の声は日に日に多くなってくる。「裸の王様」症状がだんだんと進行する。

会社の顔であるCEOの言動が社会から批判を浴びる、あるいは株主代表訴訟の対象になるようでは、CEO個人はもちろんだが、会社の評価も地に落ちる。

CEOの監視は、会社を守るためにも必要である。

CEOが退任しないリスク

CEOが長期にわたりその職にとどまり続けるリスクもある。在任期間の内規があっても、CEOが「まだまだ自分がやらねばならない」と本気で思い込んだ場合、退任を迫るのは難しい。本人が退任を言い出さない限り、「裸の王様」が居座り続けることができるようでは会社が困る。

長期政権の弊害を防止するための仕組みが必要になる。

②不祥事の発生防止はCEOの責務

企業不祥事は、CEOのあいまいな経営姿勢や歪んだ社風のなかで生まれてくる。不祥事を防止するには、CEOの正しい経営姿勢と、それを監視する仕組みが必要である。

〔不祥事が生じる原因（会社員の声）〕

1997年に(財)経済広報センターが行った企業不祥事に関する「会社員の声」アンケート調査結果によると、不祥事の原因は次の2点と答える方が突出して多かった。

○問題があっても指摘しにくい企業風土がある。
○経営者の自覚が乏しい。

「指摘しにくい企業風土」は、程度の差こそあれどの企業でもみられる共通のものだ。「見て見ぬ振りをする」「他人に指摘されるのを嫌がる」「アドバイスを素直に聞かない」「上司と議論しない」「トップのいうことを絶対視する」などの風潮が強いと、お互いに口出しをしなくなり、早めに不祥事の芽を摘むことが難しくなる。

「経営者の自覚が乏しい」とは、「不祥事防止の断固たる決意を自らの言葉で全社に発信していない」「部下の報告を丸信用して検証しようとしない」「自らの経営振りについて社内で監視の目が必要と認識していない」などである。

不祥事を防止できるかどうかは、上記2点へのCEOの取り組み如何にかかっているので、率先して行動してもらうよう監視の目が必要である。

③信頼されるガバナンス体制の確立

海外の投資家は、日本企業のガバナンス面での最大弱点として「CEO絶対優位の経営体制」と「CEOへの牽制機関不在」を問題視している。

構造改革が遅れているのも、不祥事が多発するのも、ひとえにCEOに対する監視力が不在、または無力だから、との主張である。

CEOを牽制・監視する仕組みのない会社が、「自社のガバナンスは大丈夫」といっても信用されない、との指摘には一理ある。CEO自身が高潔な精神で常に自省しているとか、いざというときには長老の会長（前CEOなど）が影響力を行使すると主張するだ

けでは説得力に欠ける。

　社外取締役中心の監督方式（委員会方式）を採用しないのであれば、内外から信用されるガバナンス体制、つまりCEOを監視する社内機関を明確に定めて外部にも発信すべきである。

(2) CEOの監視は監査役（会）の任務

　では、CEOを監視する役割は、社内のどの機関が担うべきだろうか。

　「取締役会には日常的な監督は期待しがたい」「監査役会は経営監視の専門機関である」「CEOは監査役会に期待している」点を考えると、監査役（会）が監視の任務を担うことになる。

①取締役会に監督機能は期待できない

　会社法では、取締役会に業務執行の「決定」および「執行」に加え、「監督」機能も求めている。「監督」とは代表取締役や、同僚取締役の仕事ぶりを取り締まる役割である。

　重要事項の「決定」と「執行」にあたる取締役会が、自ら「監督」するのは、あたかも同一人物がコーチとプレイヤー、そしてレフリーも兼ねるようなものだ。取締役会に「一人三役」の機能を求めると、どちらつかずになって実効を期しがたい。

　取締役会は、日常的には「決定」と「執行」の機関と考え、「監督」は別の機関にまかせるほうが旗幟鮮明になってスムーズに運営できる。

> **会社法**
>
> 第362条
>
> 取締役会は、すべての取締役で組織する。
>
> ②取締役会は、次に掲げる職務を行う。
>
> 一　取締役会設置会社の業務執行の決定
>
> 二　取締役の職務の執行の監督
>
> 三　代表取締役の選定及び解職
>
> 　　　（以下、省略）
>
> 第363条
>
> 次に掲げる取締役は、取締役会設置会社の業務を執行する。
>
> 一　代表取締役
>
> 二　代表取締役以外の取締役であって、取締役会の決議によって取締役会設置会社の業務を執行する取締役として選定されたもの
>
> 　　　（以下、省略）

執行役員制度下でも役割分離は進んでいない

　近年、執行役員制度（法制上の機関ではない）を導入する会社が増えてきて今や、上場会社の半数を超えている。本来の狙いは、取締役による「決定」と執行役員による「執行」を分離して、取締役会は「決定」と「監督」の二役に徹するというものであるが、実際にはほとんどの取締役が執行役員を兼ねており分離は有名無実化している。つまり、取締役会に一人三役を求める仕組みは、執行役員制度の導入後も続いている。

　執行役員の最初の導入目的が、水ぶくれしすぎた取締役の数を減らし、取締役を外れた方を救済することに力点が置かれていたので

当然の結果ともいえる。

しかし、一方では取締役ではない執行役員が増えてきたので、本人たちの意識も、周囲の目も徐々に変わってきた。

従来は、社員の最高位との位置づけ以上のものは何もなかったが、最近は税制上の取り扱いも変わってきたので、会社との「委任」関係で執行役員を任命できるようになっている。即ち、会社との「雇用」関係にある社員とは一線を画して、取締役に準じた位置づけで処遇することにより、執行役員側にも、取締役（経営者）予備軍としての自覚が育つ環境が整ってきたのである。

監査役監査基準を「取締役及び**執行役員**の職務の執行を監査する」と改定して、執行役員を取締役と同列に並べて監視対象に位置づけている会社も増えてきた。執行役員は社員ではないと考える以上、当然とるべき適切な改定といえる。

なお、委員会設置会社における「**執行役**」は会社法で定められた機関であり、固有の権限と義務が明文化されている。「会社役員」として株主代表訴訟の対象になるなど、執行役員と名前は似ているが法律上の違いは歴然としている。

社内取締役に監督意識はない

社内出身取締役のなかで、一体何人の方が上司にあたるCEOを監督するのが自分の役目と認識されているだろうか。

筆者は、かつて新任の取締役に質問してみたことがある。

質問　　「取締役への就任、まことにおめでとうございます。ところで取締役になって誰を取り締まるつもりですか？」

A氏の返答「今まで以上に気合を入れて、担当本部の部下全員をしっか

りと取り締まって社長の期待に答えたい」
B氏の返答 「取締役とは名ばかりで、今まで以上に社長に厳しく取り締まられそうだ」

　CEOを取り締まる考えなど、露ほどもないことがよくわかった。
　「自分を選んでくれた代表取締役社長や、先輩の取締役を監督するのは難しいことではあるが、法律上の義務である以上、努力してみる」といったような模範解答を期待したほうが認識不足だったようだ。
　自分を選んでくれたCEO、業務執行ラインの上司であるCEO、取締役会の議長であるCEOを監督するのが法律上の義務だ、やってもらわねば困る、と取締役に迫っても実効は期しがたい。社内出身の取締役にCEOを日常的に監督せよ、というのは無理な話である。
　日常は、他の機関に監視を任せておき、CEO解任のような非常時には、取締役としての一票の重みを認識して議決権を行使してもらう仕組みの方が現実的で機能する。
　非常時に備えて、「取締役会の決議は多数決で決する」「役付取締役も平取締役も同じ一票を有している」といった基本を、社内出身取締役にもしっかりと教育しておくことは大事である。

社外取締役も監督意識は希薄

　それでは、業務執行に従事しない非常勤の社外取締役なら監督できるのだろうか。
　社内出身の取締役とは立場も違うので、期待できるとの見方も一部にあるが、現実は残念ながら大同小異といわざるをえない。なぜなら、社外取締役の一番大事な任務は監督役割である、と認識して

就任する方はほとんどいないからである。

　自分の経験や哲学をベースにした大所高所からの経営助言が会社に役立つのではないか、社内だけでは気づきにくい多様な視点の導入や意思決定の透明性向上の面で貢献できるのではないか、と考えて就任されている方がほとんどである。監督の役割を重視されているのなら、社外取締役よりも社外監査役を希望する方が出てきて当然と思うが、そのような方は見当たらない。

　また、CEO解任といったような非常時に、社外取締役の方が社内取締役よりも常により正しい行動をとるかどうかも疑わしい。非常時の判断は、個々人の信条や会社・社会に対する責任感次第であり社外、社内の差はあまりないと思われる。

②会社法上の経営監視義務

　取締役会に日常的な監督を期待するのは「ないものねだり」である以上、監査役会がCEOを監視できる唯一の社内機関となる。

会社法上の義務

　監査役は「取締役の職務の執行を監査する」と定められている。

> **会社法**
> 第381条
> 　　監査役は、取締役（会計参与設置会社にあっては、取締役及び会計参与）の職務の執行を監査する。この場合において、監査役は、法務省令で定めるところにより、監査報告を作成しなければならない。
> ②　監査役は、いつでも、取締役及び会計参与並びに支配人そ

> の他の使用人に対して事業の報告を求め、又は監査役設置会社の業務及び財産の状況の調査をすることができる。
> （以下省略）

「監査役による監査」と、「取締役会による監督」は違うと主張する学者もいるが、両者の差異を論じるのは無益である。両機関ともに取締役を監視する義務と権限を有していると解釈すべきである。

日常的には、監視専門職である監査役（会）がその任にあたり、非常時には取締役会も議決権を行使してその義務を全うする、いわゆる二段構えの監視体制であると考えるべきだ。

監査役（会）は監視の専門機関

監査役（会）は業務執行に携わっておらず、経営の監視のみを担当する専門職、専門機関である。監視だけに専念する役割なので、言い訳はできないし、逃げ場もない。

法律上の身分保障も手厚い。任期は4年、選任・解任もCEOの都合だけではできないようになっている。しかも、監査役は独任制（自己の責任の下に独立して職務にあたれる）である。監査役会の多数決決定に縛られることなく、個人としての職務遂行も認められている。

一方、取締役は取締役会のメンバーにすぎず、独任制ではないので、取締役会の多数決決定に従わざるをえず、取締役個人としての権限は有していない点が監査役とは異なる。

機関としての意見表明

大会社では3名以上の監査役で構成する監査役会を設けるので、

機関として意見を集約して表明することができる。

　取締役会での議決権こそ有しないものの、社外監査役も含めた監査役会という監視機関の意見には重みがある。

③CEOの期待

　「社内の経営監視機関は要らない、株主総会だけで十分だ」と考えているCEOはいないはずだ。「常に責任を自覚して経営にあたっている」「信頼できる友人が適切なアドバイスをしてくれている」だけでは上場会社のガバナンス体制として信用されないことも十分理解している。

　では、「あなたの経営を監視しているのはどの社内機関ですか」と聞かれて、「取締役会だ」と自信をもって断言できるCEOはいるだろうか。

　結論としては、「取締役会から独立している監査役会に、日常的に経営監視の任にあたってもらいたい」というのが大方のCEOの回答になる。

社長の意識

　すこし古いが、2003年に行われた(社)日本監査役協会の社長アンケートは、社長自らが署名入りで答えてくれた貴重なデータである。監査役に関する社長の本音がはっきりと読みとれる。

　アンケートに回答されたのはガバナンス意識の高い社長が多かったと思われるが、それにしても約98％の社長が監査役(会)の監視・牽制役割を理念としてはしっかりと認識されていた。ほとんどの社長は、自らへのお目付け役が必要だ、と理解していることがわかった。

CEOの期待に応えて、監査役（会）が社内の経営監視機関として機能しなければならない。

> 2003年9月、日本監査役協会ケーススタディ委員会「企業不祥事と監査役の役割」についての社長アンケート（回答1,686名）
> ［質問　E１］
> 　監査役（会）は、経営及びトップの監視・牽制機関として企業に不可欠な独立機関だ、と思いますか。
> ［回答］
> 　強くそう思う32.5％、そう思う58.3％、一部そう思う6.9％
> 小計97.7％。そうは思わない0.4％、そのほか1.9％。

出所：「月刊監査役」2003年9月号

5　監査役（会）制度への批判

　わが国上場株式の約30％を保有している外国人株主は、日本のガバナンス体制について厳しい目を注いでいる。とりわけ監査役制度に対しては、日本独特の仕組みが十分に理解できず、有効性に懐疑的である。
　また東京証券取引所や証券会社も、外国人投資家に日本株式を推奨する立場上、日本独自の監査役制度では理解を得にくいのではないか、と同調している。
　「監査役制度とはどんな仕組みか良くわからない」「監査役（会）

ではCEOを監視・牽制できないのではないか」という懸念であり、対策として、社外取締役の導入をルール化（義務化）すべきだ、と主張している。

　誤解に基づく批判であれば丁寧に説明をしなければならないし、仕組みそのものに根本的な弱点があるとの批判であれば、対策を考えなければならない。

(1) 理解されない三様監査

　監査役（会）制度は、日本固有の制度であるだけに、海外の関係者にとってはわかりにくいようだ。

　欧米の「Audit Committee（監査委員会）」に似た機関だ、と説明すればある程度納得してもらえるが、自ら監査する機関だ、と説明すると内部監査部門と混同されて理解されない。

①三様監査がわからない

　わが国には「会計監査人監査」「監査役監査」「内部監査」の3種類があり「三様監査」と称している、との説明が混乱を招いている。

　海外には外部監査（External Audit）と内部監査（Internal Audit）の概念しかないので、監査役監査とは一体どちらか、との質問に対して、「どちらでもない。三つ目の監査だ」との説明では、相手の理解を超えて話が途切れてしまう。

　外部監査は、外部の公認会計士や監査法人が第三者（株主、投資家、債権者など）のために財務諸表や内部統制報告書を監査する（お墨付きを与える）ものである。一方、内部監査は、社内の専門機関が一定の規律と手法の下で経営の効率性、有効性、健全性を評価し

て改善提案する機能である。

　監査役(会)は、この外部監査と内部監査を活用して取締役（経営陣）を監視する独立機関だ、と説明する方が、欧米のAudit Committeeと似たような役割を果たす社内の専門組織として理解してもらいやすい。

　ただ、常勤の監査役自らが経営陣を対象に監査することもあるというのなら、それは「内部監査」と位置づけて説明すべきだ。なぜなら、監査役監査も会社の組織図に明記されている社内組織の一つが行う監査だからである。

　Auditの仕組みは欧米から輸入したものであるから、欧米に無い「3種類の監査」概念をもち込んで、「監査役も自ら監査するのだ」と声高に強調しても得るものは少ない。

　「三様監査」という表現は、今後禁句にすべき、と強く主張したい。

②監査役自ら監査する点が理解できない

　監査役会がAudit Committeeと似た機関であるとの説明は理解してもらえるが、監査役自らが監査するというと、とたんに怪訝な顔をされる。

　外部監査は公認会計士という資格をもった専門家が、そして内部監査は一定の教育を受けた内部監査部門員が規律的に行うものと考えている海外の投資家にとっては、監査役による監査は理解できない。

　専門的な訓練も受けていない、資格も無い、監査の規則や手順書もない、スタッフも極めて少数の監査役が、どうして監査できるのか、との疑問である。「監査」には、それなりの専門性が必要で、一定の品質が保証されるべきと考えている海外投資家にとっては、

監査役の監査は「監査」と呼ぶには値しない、と映っている。

「監査役の監査の方法に問題があった」判例

2000年9月大和銀行巨額損失代表訴訟判決（大阪地裁）で、監査役の監査責任が問われた。ニューヨーク支店に出張した監査役が、有価証券の現物検査において、保管銀行で直接現物確認すべきところを担当者が提示した偽の残高証明のコピーで帳簿残高を確認したのは「監査の方法に問題があった」との指摘である。

残高確認の基本手続も理解していない監査役に、このような監査実務を任せる体制そのものが問題であり、監査役の責任を問うとすれば、内部監査部門に定期的に監査させることを経営陣に要求していなかった点であろう。

欧米のAudit Committeeメンバー（全員が社外取締役で非常勤）は、自ら監査することはない。会計監査人による外部監査と内部監査部門による内部監査を監視するのが役割で、「監査させる人、監査結果を利用する人」の立場で経営を監視している。

監査役も、自ら主体的に監査をするというのではなく、経営陣の経営振りや、会計監査人や内部監査部門の監査活動を監視（Oversight）する立場にあると説明して理解を求めるべきではないだろうか。

③ 「Corporate Auditor」が通用しない

日本監査役協会で正式に定められている監査役の英文呼称は「Corporate Auditor」である。Corporate Director（取締役）を意識して決められたものと思われるが、海外ではまったく通用しない。名刺をみて「Internal Auditor か？」と聞かれることが多いが、ほ

とんどの監査役の方は「No」と答えるので、ここで会話は途切れてしまう。

昔の呼称であるStatutory Auditor（法定監査人）の方がまだわかりやすかったともいえるぐらいだ。

英文呼称のお勧めは、「Member of Audit Board」であり、この表現を名刺に印刷している監査役も徐々に増えてきた。監査役会を「Audit Board」と称すれば、取締役会（BOD=Board of Directors）から独立した機関である点を明確に示すことができる。英文呼称の見直しは、日本監査役協会で早急に取り組んでもらいたい大事な課題の一つである。

（2）議決権のない監査役は無力

監査役制度をある程度理解しても、その役割は限定的で監視機能を果たせていないのではないか、との批判が根強い。日本のコーポレート・ガバナンスに関して積極的に提言を続けているACGA（Asian Corporate Governance Association）の懸念がその代表例である。

ACGA（Asian Corporate Governance Association）
「日本のコーポレート・ガバナンス白書」（2008年5月）より抜粋

日本上場企業の約97％が監査役制度を選んでいる。この制度では、事実上ほぼ完全な経営陣の自治が認められており、私達から見ると経営陣の意思決定に対する真に透明な監督はほとんど行われていない。

大部分の日本企業で取られている広い合議型経営スタイルは、内部取締役社長による決定が覆されることがないことを意味す

> る。たとえその決定が企業やステーク・ホルダーの最大利益にそぐわなくてでもある。
>
> 　時に果断な監査役がいて、通常の権限を超えて戦略的意思決定に関わった例もないことはなかったが、極めて稀である。一般的には会社法上の監査役はいわば<u>法令・規定遵守担当役員に準じた役</u>どころで、会社が法に違反したり報告書の不遵守がない限り、<u>介入しないし、できない。</u>
>
> 　また、監査役は正式な<u>経営上の意思決定プロセスの一部ではない</u>ことに留意するのも大切である。多くの点で<u>彼らの役割は専ら助言を与えるに留まり、人事権もない。</u>ということは企業内では雇用権限も解雇権限も持たず、<u>経営陣に対してほとんど、あるいはまったく権威を持たない。</u>
>
> **提言**
> ・合理的で透明なプロセスを経て、適切な能力を備えた社外取締役を指名し、その独立性と適合性を企業開示文書で株主に伝える。
> 　最低３人の独立社外取締役を可及的速やかに指名することを公約する。
> 　中期的にはこうした取締役が取締役会の３分の１を構成するのが理想である。より長期的にはこれを２分の１まで増やすよう提言する。
> ・長期的には、完全に独立した取締役と取締役委員会からなる独立取締役会制度を目指す。（下線は筆者）

①真に透明な監督が行われていない

　社内取締役がほとんどの取締役会では、議論も監督も行われてい

ないのではないか、との懸念である。企業やそのステーク・ホルダーの最大利益にそぐわない決定も、経営者の意向どおりに決定されているのではないか、との不信でもある。たしかに、さしたる議論もなく、儀式と化している取締役会もまだ存在しているのも事実だろう。

しかし、取締役会で監査役が果たしている役割は、まったく理解されていない。今や、多くの会社の取締役会で、最も積極的に発言しているのは監査役であり、その質問や意見は議事録に記載されている。外部者が目にする機会がないのが残念である。

②監査役は戦略的意思決定に介入できない

監査役は法令や定款違反について意見表明する役割で、戦略的意思決定には口を出せないとの見方があるが、そうだろうか。

監査役の役割は経営を監視することであるから、経営全般について疑問があればいつでも意見を述べて経営陣に説明を求めなければならない。

M＆A、新商品開発、売上拡大策、大型増資など、テーマの如何を問わず、戦略的意思決定の際には疑問点を問いただし、思うところを述べるべきである。

もちろん、監査役は、ガバナンス、リスクマネジメント、コントロールに力点を置いて経営を監視するので、その面からの質問や意見が中心になるのは当然である。

③監査役は議決権をもっていないので無力

取締役会に出席しているが、議決権がないので決議プロセスの一部ではない、単なる助言者にすぎない、との批判がある。言い換えれば、CEOを解任できる議決権なしでは所詮、無力との見方である。

しかし、日本企業では、議決権を行使する、あるいは議決権をバックにしてCEOを牽制するという議決権至上の考えはほとんど意味をもたない。

　取締役会の場で、監査役個々人ではなく、社外監査役を含む専門機関としての監査役会意見が表明されれば、CEOといえどもこれを無視することはできない。とりわけ、監査役会を経営の監視機関として位置づけると宣言している会社においては、監査役会の意見は重い。

　もともと多数決で基本戦略や人事を決めている取締役会は日本には存在しない。CEOを中心とする合意・納得の経営が、日本企業の良さであり、高い競争力の源でもある。議決権を有して業務の執行を決定する社内・社外取締役よりも、議決権はないが監視専門機関である監査役（会）の方が、日常的に経営監視の機能を発揮できる。

　日本企業では議決権という武器を振りかざした経営は行われていないこと、議決権の有無は牽制力の強弱と連動していないこと、議決権にかわる監視システムが機能していること、を海外の機関に理解してもらう必要がある。

　もちろん、CEOを解任するなどの非常時には議決権が決め手になるのは間違いないが、このような場面は大多数の日本企業では起こりえない。「議決権がなければCEOを監視できない」と決め付けるのは、欧米流の考えであり、日本ではそうではない。議決権という武器の代替物が、監査役会の総意というソフトパワーである。

④監査役の役割は適法性監査に限定されている

　一部の主導的な機関や学者が、監査役の役割は適法性監査であって妥当性監査に及ばないのでその役割は限定的とみなしている。

> **金融庁審議会論点メモ（2）（2008年10月21日）より抜粋**
> 「監査役による監督（査）機能は、原則として適法性の観点からのものにとどまり、その実効性についても、現状、十分なものとは言えないのではないか。」

> **企業年金連合会「機関投資家から見た日本企業の企業統治の課題」（2009年1月27日）より抜粋**
> 「監査役の機能は、社外取締役とは異なる。
> 　監査とは、取締役の業務執行の法令・定款違反または著しく不当な事項の有無を指摘すること。一般に取締役の経営判断の当否を指摘することは含まれないと解される。」

　以上のような解釈は一体、何を根拠にしているのだろうか。またどのようなメリットを得るための主張だろうか。

　適法性監査や、妥当性監査という言葉は法律上存在しないし、実態面でも死語である。このような不毛の議論が監査役制度の本質を捻じ曲げていることに関係者は気付いてもらいたい。

　監査役は、経営の監視役として、テーマが何であれ「おかしい」「問題がある」と思えば疑問を呈し意見を表明しなければならない。経営全般について、主にリスクマネジメントの観点から問題点を指摘し、納得のいく説明を求めるのが任務である。

　例えば、業務提携先としてA社とB社のいずれかを選ぶ議題が取締役会で審議される場合、「これは妥当性の問題であるから監査役は意見をいうべきではない」と考えるのは間違いである。

　監査役は次のような質問や意見を積極的に述べる義務がある。

○A社と提携すべきとの合理的な根拠は何か？
○両社の経営陣、業界の評判などは比較検討されたのか？
○A社の経営陣には、問題が多すぎるのではないか？
○B社の財政基盤は、A社よりも安定している

　監査役が株主から訴訟請求を受けた場合、「妥当性はともかく、法律には触れていないので当該取締役に損害賠償は求めない」との決定を下せるものだろうか。これでは、株主が監査役に損害賠償請求の訴えを起こす意味がなくなるではないか。株主は監査役に妥当性の判断を求めているのである。

⑤監査役会は、経営の監視機関になりえない

　監査役（会）の役割を法令・規則遵守担当役員に準じた役どころと位置づけるなら、経営を監視する機関とはいえないだろう。

　しかし、監査役（会）は、取締役会とは独立した監視のための専門機関として存在しており、経営の監視とCEOへの牽制を任務としている。

　会社法第381条の「監査役は、取締役の職務の執行を監査する」とは、経営全般を監視し、CEOの経営振りや言動をチェックすることに他ならない。

　第一義的・日常的な経営監視機能は専門機関である監査役（会）が担い、非常時には取締役会が議決権を行使して監督機能を果たすという二段階の監視システムが、監査役設置会社の基本思想である。

　この任務がまだ十分に理解されていないのではないか、実際に機能していないのではないか、との批判には真摯に耳を傾ける必要がある。しかし、消去法でいっても、監査役（会）以外に経営を監視

できる社内機関はないのだから、英知を集め、障害を取り除いて役割を果たさなければならない。

(3) CEOが選んでいる監査役の限界

ほとんどの会社ではCEOが主導して監査役候補者を選定しているのではないか、監視される側のCEOが人選しているようではCEOに物申せないのではないか、との指摘には一理ある。

2001年の法改正で、監査役の選任に関する議案を株主総会に提出する際には監査役の同意が必要になり、加えて、監査役は自らが望む候補者を提案できるようになった。この同意権・提案権が実質的に定着したとはまだいえないが、候補者の選任についてCEOと監査役が意見交換する機会は着実に増えている。法改正の精神は徐々にではあるが浸透しつつあるといえる。

一方、大半のCEOは自らが選んだ監査役にトップの監視役を果たしてほしいと期待しているのも事実である。

前述の社長アンケート（P.29参照）では、59％の社長が「トップの監視役を無理とは思わない」と答えているが、これは誰が選ぼうと監査役には物申してもらいたい、との期待の表れとも解釈できる。

一方、3分の1の社長は、「物申すのは無理」と答えているのも現実の反映であり、期待と現実にギャップが存在している点は否定できない。

選任プロセスの透明化、法制化されている候補者の提案権・同意権の尊重、法定任期の遵守などは、今後、CEOと監査役（会）が真剣に話し合って改善を図るべき重要なテーマである。

同時に、監査役に選ばれた方には、誰が実質的に選んだかに関係

なく、CEOの期待に応えて、「物申す」役割を果たす覚悟が求められている。

> 2003年9月日本監査役協会ケーススタディ委員会「企業不祥事と監査役の役割」についての社長アンケート（回答1,686名）
> ［質問 E４］
> 　監査役も、事実上社長に選ばれておりトップの監視役は無理、と思いますか。
> ［回答］
> 　強くそう思う0.8％、そう思う5.8％、一部そう思う27.7％、小計34.3％。そうは思わない59.0％、そのほか7.7％

出所：「月刊監査役」2003年9月号

6 社外取締役義務化の動き

　「監査役（会）は経営の監視機関としては力不足」との認識の下に、社外取締役の導入を法制化あるいは上場ルール化して義務づけようという動きが活発である。前述のACGAに加え、企業年金連合会、在日米国商工会議所などの機関からも同様の提言が相次いでおり、経済産業省や金融庁の審議会で取り上げられてきた。

　「経営監視機能が脆弱ではないか」との問題提起は理解するが、その解決策が「監査役無力論をベースにした社外取締役の義務化」に絞られている点には強い違和感を覚える。社外取締役を導入する

かどうかは、それぞれの会社が自社のガバナンス体制を深く考えて判断することであり、義務化は無用の介入である。

しかも、義務化が監査役（会）の役割を矮小化し、その機能発揮を阻害する恐れが大きい点を見逃すことはできない。社外取締役の義務化は、監査役（会）は無力だ、限界がある、期待できない、だから代役を探すべきだ、との思い込みを認めることになってしまう。

今なすべきことは、社外取締役の義務化ではなく、監査役（会）の経営監視役割を再確認してその機能発揮に向けて英知を集めることである。

2009年6月、審議会の最終答申では「義務化は見送り」されたが、議論が再燃しないように、義務化に反対する理由を整理しておきたい。

(1) 社外取締役導入の現状

東証コーポレート・ガバナンス情報によれば、東証に上場している監査役設置会社のうち、約45％がすでに任意で社外取締役を導入している（わが国上場会社総数約3,900社に45％をあてはめてみると、約1,800社が導入済みと推定できる）。

導入率が高い業種、あるいは属性の会社群は次のとおりで、海外との取引や海外株主の比率が高い大規模会社や、比較的歴史の浅い会社で社外取締役の導入が進んでいるといえる。

- 時価総額上位（委員会方式のソニーを除く）29社では、約79％
- 情報通信業の会社では、約69％
- 外国人持ち株比率30％以上の会社では、約68％
- マザーズ上場の成長・ベンチャー会社では、約59％

- 親会社有りの会社（自社が子会社）では、約58％

逆に、上記グループに属していない会社での導入比率は1/3程度と低くなっている。

社外取締役は1社平均1.7名

導入済み会社における社外取締役の数は、1社平均1.7名。約52％の会社が1名のみ、約91％の会社が3名以下となっている。

導入済み会社の取締役総数は1社平均約9.1名で、そのうち社外取締役1.7名の割合は約19％。

監査役会の3分の2は社外監査役

全監査役設置会社の1社平均監査役は約3.8名。このうち、社外監査役（常勤も含む）は約2.5名で、その割合は約66％。2001年の法改正で「社外監査役半数以上」となったので、社外監査役は約3分の2に増えている。

取締役会メンバーの26％が社外役員

全監査役設置会社の1社平均取締役会メンバー数約12.4名（取締役8.6名＋監査役3.8名）のうち、社外取締役と社外監査役の合計は約3.3名で、その割合は約26％。つまり、おおよそ4名に1名が社外役員で占められている。

(2) CEOの意図

約45％の上場会社が自発的に社外取締役を導入しているが、CEOは何を期待して導入しているのだろうか。

CEOは、社外取締役を導入すべきかどうか、重要な経営テーマの一つとして真剣に考えている。「海外投資家の要請に応える」「見栄えが良くなる」「他社もそうしている」「よそ者は不要」「日本の文化は海外と違う」といったような単純な動機だけで結論を出せるようなテーマでないことも十分に認識している。

　CEOが是非を決断する際の最大のポイントは、「経験豊かな見識ある外部の方の経営助言は、自社の経営に本当に役に立つのだろうか」という点にある。

　ほとんどのCEOは、社外取締役に経営を監視してもらうとか、CEOを牽制してもらう役割を期待しているわけではない。

　法制化されている社外監査役候補者を選ぶ場合には当然のことながら経営の監視機能を念頭においているが、社外取締役にはアドバイザーとしての役割を期待しているのである。社外取締役と社外監査役は、いずれも社外役員ではあるが、CEOは両者への期待を明確に区別している。

社外取締役をすでに導入しているCEOの考え
- 経験豊かな他社の経営者から、経営上の貴重な助言を得ることができる
- 経営方針を社外の目で確認してもらえる
- 親会社、大株主、重要取引先から迎え入れることで相互信頼を深めることができる
- 投資家（とくに外国人株主）にとってわかりやすいガバナンス体制（監視体制）になる
- 取締役会の場で説明し、質問を受け、意見交換することで取締役会に適度の緊張感をもたらすことができる

- 社外監査役からは、経営全般に及ぶ発言が出にくいので、これを補える

社外取締役を導入していないCEOの考え
- 経営の監視機関は監査役（会）と考えている。取締役会には監視・監督機能を期待していない
- 監視機関を強化する必要があれば、社外取締役ではなく、社外監査役として他社の経営者を招きいれる方が効果的である
- 社外取締役を導入して経営へ助言をしてもらう必要性はとくに感じない。取締役会に出席するだけでは適切な経営助言を期待しがたい。専門的な助言が必要な場合は、経営コンサルタントを起用すればよい
- 経営への助言は、他社の経営者である社外監査役にも期待できる
- 社外監査役としてすでに他社の経営者を起用しており、社外取締役との関係が不明確になる。「社外の目」が屋上屋になる
- 法制上必要な社外監査役はともかく、これ以上社外の方を入れると経営責任があいまいになる

(3) 義務化への異議

①目指す方向が不明瞭

　義務化して一体何を目指そうとしているのだろうか。目指すべきガバナンス体制としてどの型をベストと考えているのかが示唆されておらず、狙いがわからない。とりあえず社外取締役を導入すれば、今よりは少しでもガバナンス体制を強化できるのではないか、といっ

たような目先だけの議論でもあるまい。

　2003年から採用された委員会方式（社外取締役を中心とする体制）と監査役方式（監査役（会）を中心とする体制）の選択制は、少なくとも両者の違いが鮮明でそれぞれの考えも理解できた。もし、委員会方式へ進む第一歩として義務化を推進したいのなら、どの時点で監査役（会）を廃止するのか、明確に主張すべきである。委員会方式がベストと考えるのなら、その趣旨を真正面から推奨すればよい。

　「監査役（会）存続＋社外取締役義務化」というどちらつかずのあいまいな体制を、委員会方式と並べて選択させようとしているのだろうか。

　もしそうなら、両者の違いが不鮮明になり、選択制そのものを根本から否定することになってしまいかねない。「社外取締役による経営監視」か、「監査役（会）による経営監視」かを選ぶことが選択制の基本である点をぼやかしてはならない。

②社外取締役の役割は経営助言
経営への助言役割を意識

　ほとんどの社外取締役は、自分の理念、経験、知見に基づくアドバイスを経営に生かして欲しいと考えて就任している。あくまでも、意見を述べてCEOの参考に供する、経営をサポートする立場である。

　社外取締役の方が取締役会議案に反対しやすい、CEOを牽制できる、経営戦略の高度化に貢献できる、株主側に立って判断できる、という見方があるが本当だろうか。

　日本企業において、CEOが提案する経営戦略や人事案件に異議を唱え、覆すことのできる社外取締役がいたらお目にかかりたいも

のだ。CEOの説明を聞き、疑問点をただし、意見を述べて、議論するが、最終的に責任をもって決定するのはCEOであるべき、との思想は、日本企業のほとんどのCEOと社外取締役に共有されている。

監視・監督意識は希薄

株主の代理人として「CEOの監視・監督が最重要の任務」と考えている社外取締役は見当たらないし、今後も出てくるとは思えない。

社内取締役をサポートして、重要な経営政策の決定に助言しようと考えている方に、株主の代理人として監督の役目を期待するのはもともと無理がある。ときには経営陣と対峙してでも、株主のために異議を唱える覚悟をもった社外取締役は、「ないものねだり」と考えるべきではないか。

責任感に懸念

日本企業の社内出身取締役は、会社を守り育てているのは自分たちだという極めて強い当事者意識をもっており、地道に会社を良くする努力を継続している。日常は業務執行をかねているので監督意識は希薄だが、いざというときには会社のために行動する気概もある。株主代表訴訟のリスクも無視できない。

一方、社外取締役は月1回程度の取締役会に顔を出すだけで、一体どれほどまでの責任感をもって会社経営に参画できるのだろうか。

社外、社内のいずれにも強みがあり、弱みがある。一概に、社外取締役の方が社内出身者よりも、経営の監視・監督の面で優位とは断定できない。少なくとも、会社経営への責任感は、全力投球して

いる社内取締役の方が、片手間仕事の社外取締役よりも圧倒的に高いのではないか。

③社外監査役との重複・屋上屋

　法制化されている社外監査役は、就任時から自らの主たる任務が経営の監視・監督であることをわきまえている。加えて、取締役会のみならず監査役会にも出席し、常勤監査役や監査役スタッフから重要な情報を入手できる立場にある。意識の面でも、情報の面でも、社外監査役の方が社外取締役よりも経営の監視役としては数段優れている。

　社外監査役としてすでに他社から見識ある経営者を起用している会社で、さらに社外取締役を導入すると、双方に競合関係が生じ無用の混乱を引き起こしかねない。

　どちらが上位者か、両者の役割分担はどうなるのか、社外監査役は経営全般に意見を述べてはいけないのか、社外取締役は監査役側に立った発言をしてもよいのかなど、いらぬ心配や遠慮が懸念される。結果として、監査役（会）あるいは社外監査役の役割や存在意義を一定範囲に封じ込めようとする弊害が生じる。

　混乱を避けるために、社外監査役に弁護士・公認会計士・学者などの専門家を配置すれば、これまた監査役（会）の役割を「法令順守見張り役」という狭い範囲に押し込むことにつながってしまいかねない。

　すでに社外取締役を導入している会社は、社外監査役との重複や屋上屋の弊害をどのように回避しているのだろうか、お互いの役割分担をあいまいなままに放置していないだろうか。両者が「社外の目」としてどのような役割分担を意識して発言しようとしているの

か、一度は当事者と話し合ってみるべきだ。

社外監査役のメインの役割は「経営の監視」で、加えて「経営への助言」もして欲しいと期待している会社において、あえて社外取締役の導入を強制するメリットは見当たらない。

④ガバナンス体制の創意工夫を削ぐ

社外取締役を導入するかどうかは、それぞれの会社が判断すべきことである。むやみにルール化すれば、企業の自ら考える力や創意工夫の意欲を損なうだけである。

社外取締役の経営助言効用はそれなりに評価するが、経営の監視という面で、社外監査役のうえに屋上屋を架してまで二重に「社外の目」を導入する必然性がどこにあるのか、大いに疑問である。

現行の監査役方式が期待どおりに機能していないというのであれば、関係者が力を合わせてその原因を突き止め改善策を練り、日本型ガバナンスの理想の姿を築く努力を続けるべきである。

(4) 経団連の反対理由は不十分

社団法人日本経済団体連合会（経団連）は、2009年4月「**よりよいコーポレート・ガバナンスを目指して（主要論点の中間整理）**」を公表した。

「社外取締役がいさえすればガバナンスが優れているという形式論は無意味。ガバナンスのあり方は、各企業の自主的な選択が認められるものとすべき」として、社外取締役の義務化に反対の考えを表明している。

2006年の提言と基本的には変わっておらず、各企業の自主的な判

断に委ねるべきとの主張には賛同するが、監査役（会）に経営監視機能を発揮させるという日本型ガバナンスの良さ、強さをもっと明確に打ち出してもらいたい。

①取締役会の監視機能は非常時のみ

「社内で誰が経営を監視しているのか、監視機能は働いているのか」との投資家からの根本的な問いに、経団連は真正面から答えるべきだ。

取締役会と監査役会による二段構えのモニタリング機能が存在するというが、取締役会による監視が機能しているとは到底思えないからだ。

前述の日本監査役協会「社長アンケート」（P.29参照）では、社長は次のように回答している。

2003年9月日本監査役協会ケーススタディ委員会「企業不祥事と監査役の役割」についての社長アンケート（回答1,686名）

［質問 E 3］
　ほとんどが社内出身者で構成される取締役会には、トップの監督機能を期待しがたい、と思いますか。

［回答］
　強くそう思う2.2%、そう思う19.6%、一部そう思う33.5%、小計55.3%。そうは思わない37.8%、そのほか6.9%。

出所：「月刊監査役」2003年9月号

つまり、半数以上の社長は、社内出身者中心の取締役会が監督機能を発揮するのは難しい、と答えている。極めて現実的な正直な回

答である。

一方、監査役（会）の監視・牽制機能に期待している社長は、P.29で述べたように98％近くに達している。

二段構えとはいうものの、一義的・日常的には監査役会が専ら監視機能を果たすべき、というのがCEOの考えである。取締役会はCEO解任などの非常時には議決権を行使して意思決定するが、平常時は主として職務の執行を決定する機関と位置づけている。

経団連は、この社長の素直な考えを踏まえて経営監視の役割は専門機関である監査役会が担っていると明確に主張すべきである。単に、デュアルシステムであることだけをもって「日本型が優れている」との主張は説得力に欠ける。

②CEOへの牽制役は監査役会

「CEOへの牽制力が存在していない」との批判に対して、「社外監査役半数以上で構成する監査役会が、議決権は有しないものの経営監視の専門機関としてCEOを監視・牽制している」と明確に主張してもらいたい。

この点を明らかにしないと、いつまでも「監視機関不在」との批判から逃れることはできない。

③適任監査役の人選

「監査役（会）は、法律上権限はあっても機能していないのではないか」との懸念に対しては、どのような対策をとっているのか、企業努力の内容を具体的に説明すべきである。言及されている事務局体制の充実や、内部監査部門との連携体制の整備ももちろん大事ではあるが、肝心な点は最適の監査役を選ぶ仕組みである。

「監視される側のCEOが監査役候補者を選んでいるではないか」との指摘には、監査役会による候補者の提案権や同意権を最大限尊重する考えを明確に打ち出して理解を求めるべきである。

7 広がらない委員会設置会社

監査役制度はこれまで数度にわたる法律改正で大幅に権限の強化や制度の補強が行われてきたが、2003年度からは監査役そのものを置かなくてもよい機関設計も選択できるようになった。従来型の「監査役設置会社」と欧米流の委員会方式を模した「委員会設置会社」のいずれかを各会社が自由に選択してガバナンス競争を促そうという法改正である。

その後約6年が経過したが、委員会方式を採用した日本企業の数は少数で、今後ともあまり増える見通しはない。

なぜ委員会方式が浸透しないのか、その理由を深く考察すると、日本の企業経営、日本型のガバナンス体制を考えるうえでの貴重なヒントが浮かび上がってくる。

(1) 委員会設置会社制度の概要

①制度の目的
社外取締役中心の監督

従来の取締役会はCEOが選んだ社内出身者がほとんどを占めており、少数の社外取締役をいれても監督機能は期待できない。欧米

と同じように社外取締役中心の取締役会および「指名」「報酬」「監査」の3委員会で監督体制を強化する。

経営者の選任、評価

優れた経営者を選任し、経営者を評価・監督する仕組みとして、社外取締役中心の「指名委員会」を設ける。

執行と監督の分離

経営の執行にあたる執行役と、監督にあたる取締役の機能を分離して、スピーディな執行と的確な監督を目指す。

海外投資家が理解できる機関設計

海外で理解されにくい監査役（会）制度を廃止して、社外取締役中心の「監査委員会」を設ける。

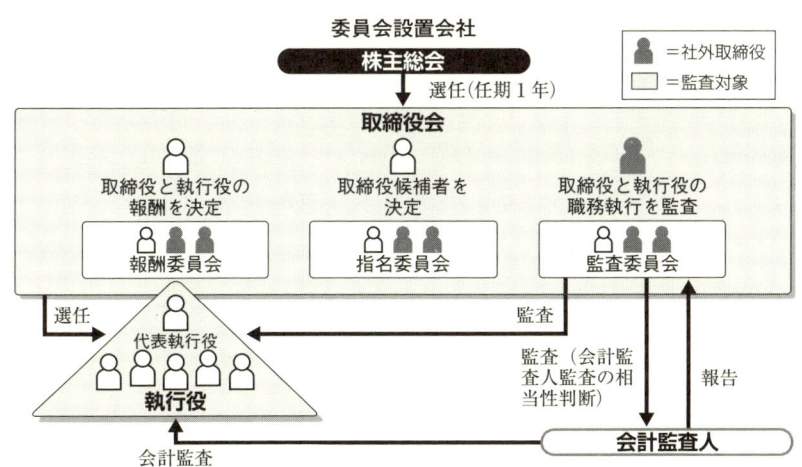

委員会設置会社

```
株主総会
 │選任（任期1年）
 ▼
取締役会
 ├─ 報酬委員会（取締役と執行役の報酬を決定）
 ├─ 指名委員会（取締役候補者を決定）
 └─ 監査委員会（取締役と執行役の職務執行を監査）

代表執行役 ← 選任
執行役
     ↑ 会計監査      会計監査人
監査委員会 → 監査（会計監査人監査の相当性判断）
会計監査人 → 報告 → 監査委員会
```

＝社外取締役
＝監査対象

※ 委員会の過半数を社外取締役としなければならない。
※ 委員会メンバーは、取締役会で選定・解職される。
※ 社外取締役は、複数の委員会を兼務することができる。

出所：日本監査役協会

②監査役設置会社と委員会設置会社の比較

項目	監査役設置会社	委員会設置会社
取締役会 ・取締役任期 ・社外取締役 ・三委員会	2年（1年に短縮可） 任意（置いてもよい） なし（任意の機関として設置も可）	・1年 ・最低2名 ・指名、監査、報酬の三委員会必置。委員は取締役会で選定
指名委員会	なし	・委員は取締役3名以上で構成　うち、過半数は社外取締役 ・取締役の選任・解任議案の決定
監査委員会	なし	・委員は取締役3名以上で構成　うち、過半数は社外取締役 ・執行役等の職務の執行の監査　会計監査人選任・解任の決定
報酬委員会	なし	・委員は取締役3名以上で構成　うち、過半数は社外取締役 ・執行役等の個人別報酬の決定
執行役	なし（任意で設けている執行役員は法制上の役員ではない）	・1名以上、取締役と兼任可 ・任期1年 ・業務の執行の決定、業務の執行
監査役（会）	・3名以上で構成　社外監査役半数以上 ・独任制 ・任期4年 ・取締役の職務の執行の監査	なし

③委員会制度の日米相違点

わが国の委員会制度はアメリカの制度を参考にして導入されたが、両者には相当の違いがある。

日本の委員会設置会社	アメリカの上場会社
取締役会 ・2名以上の社外取締役が必須。（東証上場56社平均では取締役総数9.1名、うち、社外取締役4.5名。社外取締役過半数は19社のみ。） ・社外要件は、当該会社または子会社の役員・従業員ではなかったこと	Board of Directors Meeting (BOD) ・独立取締役（Independent Director）過半数が必須。社内取締役は1～2名のみが多い。 ・マネジメントを入れない非業務執行取締役だけの会議が必須。 ・独立性は取締役会で判定。独立要件は厳しい。
指名委員会 ・3名以上 うち、社外取締役2名以上	Nominating/Corporate Governance Committee ・独立取締役のみで構成
報酬委員会 ・3名以上 うち、社外取締役2名以上	Compensation Committee ・独立取締役のみで構成
監査委員会 ・3名以上 うち、社外取締役2名以上	Audit Committee ・会計知識のある3名以上で構成　うち、1名は会計経験者 ・他社兼務は原則として3社まで
内部監査機能 設置義務の規程なし（任意）	Internal Audit function 内部監査機能の設置が必須

最大の相違点は、アメリカでは取締役の過半数が独立取締役でなければならず、加えて三つの基本Committeeは独立取締役だけで構成し、CEOなどの社内取締役はメンバーになれない点である。日本の場合は委員会に社内取締役が参加し、委員長に就任しているケースも多い。例えば、CEOが指名委員会の委員長になっているケースも少なくない。
　これでは、とても社外取締役主導型の経営体制とはいえず、せいぜい社外取締役参画型といえる程度ではないだろうか。
　東証に上場している委員会設置会社58社のうち、社外取締役が過半数の会社は19社［ソニー（15名中12名）、旭テック（15名中10名）など］のみ。一方、社外取締役わずか2名で、委員会方式に移行している上場会社も現実に存在している。

(2) これまでの移行状況

　選択制の導入以来、約6年経過したが委員会方式への移行は遅々として進んでいない。

上場会社の2％弱

　2009年8月現在、全上場国内会社約3,900社のうち、委員会方式を選択している上場会社は73社（1.9％）のみ。

大会社の約1％

　非上場会社を加えても移行したのは111社のみで、大会社（資本金5億円以上または負債総額200億円以上の会社。委員会設置会社を選択できるのは大会社のみ）約1万社の約1％に過ぎない。

ここ数年の移行はわずか

111社の大多数は、選択制導入の初年度（2003年度）および翌年度・翌々年度に移行した。その後移行する会社は極めて少ない。

また、一旦委員会方式に移行したものの監査役方式に戻した会社がこれまでに23社ある。

委員会設置会社への移行年度

移行年度	2003	2004	2005	2006	2007	2008	2009	合計
上場会社	36社	14	9	4	4	4	2	73
非上場会社	16社	8	4	3	5	1	1	38
合計社数	52社	22	13	7	9	5	3	111

出所：日本監査役協会ホームページ

移行した上場会社73社の目的別分類

　○グループ会社への親会社による監視・監督を強化
　　日立製作所のグループ会社15社（社外取締役は親会社から派遣）
　○海外取引先・外国株主を意識
　　ソニー、東芝、オリックスなど
　○ガバナンスの強化
　　イオン、エーザイ、パルコなど
　○海外企業の傘下
　　新生銀行、日本オラクルなど
　○経営不振を機に経営体制を抜本的に改革
　　西友、りそなホールディングス、田崎真珠など

(3) 移行が進まない理由

　海外投資家のみならず、経済同友会や企業年金連合会なども積極的に推奨しているのもかかわらず、委員会設置会社への移行は遅々として進んでいない。なぜ広がらないのか、その理由を考察してみると、経営者の好き嫌いとか、長年続いてきた仕組みを変えたくないといった単純な理由ではなく、根深い経営思想の違いが浮かび上がってくる。

　委員会方式に移行しない企業の本音は、どこにあるのだろうか。

①社外取締役中心の経営体制に違和感が強い
企業は株主だけのものではない

　大多数のCEOは「企業の所有者は株主」との考えを理念としては理解しているが、一方、「企業は社員の集合体」あるいは「社会の公器」との意識も根強い。

　株主の代理人としての社外取締役を中心とした経営では、株主偏重の経営になり、すべてのステーク・ホルダーに目配りした経営はできないのではないか、と考えている。

強い当事者意識

　日本では、当事者意識の極めて高い役員・社員が力を合わせて会社を経営していくべきだ、との考えが深く浸透している。会社のことを一番良く知っているのは自分達だ、会社を守り育てるのは自分達であるべき、と心の底から信じているのである。専門知識や技法は外部からどん欲に学ぶにしても、共同体の運営そのものは内部者

が責任をもって行うべきとの信念である。

社外取締役がいる場合でも、経営への助言には耳を傾けるが、重要な経営判断を部外者に任せるわけにはいかないと強く考えている。

近年、終身雇用にも一部ほころびが見えてきたが、社員の会社への帰属意識は依然として高い。新入社員までが、「うちの会社」と口にするほどである。

この考えにはもちろん弱点もある。しかし、これが大方の日本企業の風土であり、ある意味では日本企業を支えている強さでもある。

社外取締役への懸念

業務執行に携わらない、非常勤の社外取締役が経営の中心になるべきではない、と考えている。社外取締役も経営陣の一員として会社の発展に貢献してもらいたいと期待しているので、最大の任務は「株主の代理人として監視・監督機能を発揮すること」との考えに違和感が強い。

また、経営への助言ならともかく、社外取締役に経営の中心的役割までも担う責任感があるのだろうか、と疑問視されている。本業を抱えている社外の方が、他社の経営に全力投球できるのだろうか、との素朴だが本質的な懸念は拭い去れない。

「単なる経営への助言なら、経営コンサルタントを雇うほうがよい」との意見があることも忘れてはならない。

②取締役会の役割は監視・監督機能だけではない

委員会設置会社の取締役会権限は、「業務執行の決定（経営の基本方針など）」と、「職務の執行の監督」と定められており、監査役設置会社の場合と変わらない（会社法第416条）。

企業買収、新商品開発、多額の設備投資などの経営の基本方針は、「業務の執行」を担う執行役が議案提出するので、社外取締役が口をさしはさむ余地は少ない。せいぜい疑問点を質問するか、助言する程度で、経営方針の高度化に貢献するとか、異議を唱えて覆すようなことはほとんどありえない。

　決定に参画していながら、裏目に出た場合、監督機能を発揮して執行役の責任を追及できるのだろうかという疑問も生じる。

　また、会社法第416条④項の規程により、「決定権限」を取締役の決議により執行役に委任すれば、取締役会の役割は「監督機能」だけになる。

　執行役に強大な権限を与えれば、スピーディな経営が可能になるというが、反面、執行役CEOの独走を招きかねない。

　伝統的な日本の取締役会は、経営会議や常務会（CEOの諮問機関）で審議・決定した方針を、社外役員（社外監査役など）や経営会議などに出席しない社内取締役を交えて議論（質疑や助言）し、全員で最終確認する場として運営されている。

　決定プロセスとして手間がかかりすぎるとの批判もあるだろうが、社外の目を入れて再確認する仕組みは、スピードよりも慎重さを重視した堅実な経営手法として、またCEOの独断専行を抑止する手法としてもっと高く評価されてもよいのではないか。

　取締役会は、一義的に「業務執行の決定」役割をしっかりと果たすべきとの伝統的な考えと、「職務の執行の監督」に重点を置くべきという欧米流の考えには大きな差がある。

　取締役会の基本役割が「監督」であれば、取締役会メンバーのほとんどを社外取締役で占めることもある程度理解できる。しかし、これが会社を健全に発展するためのベストの仕組みだろうか。

アメリカ某大手自動車メーカーのBODでは、「自動車の話が出てくることはついぞない」と聞いたことがある。会社の実情も商品も知らない部外者が集まって数字だけで業績を評価し、CEOの交代を決定する、そういうBODに会社の命運を任せていいのだろうか、と不安を感じる。

③取締役に「業務執行」権限がない

監査役設置会社の取締役は、「業務を執行」する（会社法第348条、第363条）ことができる。

一方、委員会設置会社の取締役は、「（この法律又はこの法律に基づく命令に別段の定めがある場合を除き）業務を執行することができない」と定められている（会社法第415条）。業務の執行は「執行役」の権限としているからである。

なお、執行役は取締役を兼ねることができる（会社法第402条⑥）ので、結果として、委員会設置会社においても取締役が業務の執行に携わることは可能である。結果は同じとしても、法の精神は大きく異なっている。つまり、「業務執行の決定権限」は、いずれの取締役会にもあるが、「業務執行権限」は委員会設置会社においては取締役に与えず、執行役という別の機関に委ねる考えである。

ほとんどの経営者は、経営方針の決定と経営の執行は密接不可分で両者を無理に分離する必然性はまったくないと感じているので、経営者である取締役が、決定した方針を執行するというこれまでの伝統的な手法の方が自然で適切、と考えている。

④指名委員会の権限が強大すぎる

取締役会の下部機関にあたる「指名」「報酬」「監査」の委員会は、

それぞれ取締役3名以上で構成し、その過半数は社外取締役でなければならない。決議は、委員の過半数が出席し、その過半数で行うことが定められている。

「指名委員会」は、取締役の選任および解任に関する議案の内容を決定する権限をもっており、その決定を取締役会で覆すことはできない点が、委員会方式への移行を考える際の妨げになっているとの意見も聞かれる。

たとえCEOが指名委員会の委員長になっていても、CEO解任のような決議には本人は加わることができないので少数の委員で解任が成立するとの見方である。

ほとんどのCEOは、自らの退任、後継者の選定、他の取締役の人事は自分が決断すべき最重要任務との思いが強いので、社外取締役過半数の委員会決定に委ねることに拒否反応があるのは事実であろう。

しかし、指名委員会のメンバーは取締役会でいつでも解任・交代できるので、巷間いわれているほどに、指名委員会の存在だけが移行の障害になっているとは思えない。

⑤監視機能は独立機関である「監査役会」が適切

取締役会は決定機関と位置づけて、日常的な経営監視は独立機関である「監査役会」に委ねる方が役割分担が明確で実践的である。

委員会方式が広がらない最大の理由は「指名委員会」にある、とみるよりも、根本は社外取締役中心の経営と、監視・監督機能に特化する取締役会の役割に対する懸念である。

多くのCEOは、すべてのステーク・ホルダーに目配りした経営

を目指しているので、株主の代理人である社外取締役に株主重視の経営を強いられる可能性のある委員会方式は今後とも広がるとは思えない。「海外投資家は委員会方式を望んでいる」というだけでは、CEOの考えは簡単には変わらないし、変えるべきでもない。

　会計基準や会計監査の手法はともかく、日本の企業文化までも否定して世界統一のガバナンス体制を目指しても、決して日本の企業にとってプラスにはならない。

　なお、委員会方式を採用せずに監査役方式を継続する場合、海外投資家の理解を得るために、なぜそうするのかを筋道を立ててわかりやすく説明する努力を怠るべきではない。

8　政府系機関のガバナンス体制

　政府系機関である独立行政法人（約100組織）や国立大学法人など（約90組織）の国の法人は、株式会社ではないので会社法は適用されず、「独立行政法人通則法」あるいは「個別法」が適用される。

　政府系機関のガバナンス、とくに、理事長などのトップを監視する仕組みや監事の役割を民間会社と比較しながら考察してみる。

(1) 経営監視機能を定めていない通則法

法人の長を監視する考えがない

　通則法では、法人の長（理事長、総裁など）を監視する発想がどこにも見当たらない。

> **独立行政法人通則法（最終改正：2007年7月6日）**
>
> （役員）
>
> 第十八条
>
> ①各独立行政法人に、個別法で定めるところにより、役員として、法人の長一人及び監事を置く。
>
> ②各独立行政法人には、前項に規定する役員のほか、個別法で定めるところにより、他の役員を置くことができる。
>
> ③各独立行政法人の長の名称、前項に規定する役員の名称及び定数並びに監事の定数は、個別法で定める。
>
> （役員の職務及び権限）
>
> 第十九条
>
> ①法人の長は、独立行政法人を代表し、その業務を総理する。
>
> ②個別法で定める役員（法人の長を除く）は、法人の長の定めるところにより、法人の長に事故あるときはその職務を代行し、法人の長が欠員のときはその職務を行う。
>
> ③前条第二項の規定により置かれる役員の職務及び権限は、個別法で定める。
>
> ④監事は、独立行政法人の業務を監査する。
>
> ⑤監事は、監査の結果に基づき、必要があると認めるときは、法人の長又は主務大臣に意見を提出することができる。

理事には取締役のような権限がない

　理事は、理事長の部下として定められた範囲の業務を担当するだけで、株式会社の取締役のような権限をもっておらず、義務も課せられていない。

取締役会に類する機関がない

　役員会という名称の会議はあっても、これは民間企業の経営会議か執行役員会に相当するもので、トップの諮問機関に過ぎない。

　理事は意見を述べることはあっても議決権はない。つまり、すべての決定権限はトップに集中しているので、株式会社の取締役会のように多数決で物事を決める考えは存在しない。

監事の役割があいまい

　監事は、法人の長とともに監督官庁の主務大臣が任命・解任（他の理事は法人の長が任命）する。この面では重要視されているともいえるが、任期は他の理事と同じ2年で、法人の長の任期4年よりも短い。

　監事は「法人の業務を監査する」とあるのみで、法人の長を監視する役割はどこからも読み取れない。これでは監事に内部監査機能だけを期待していると誤解されても仕方あるまい。株式会社の監査役に比べて、幹事の役割はいまひとつあいまいである。

　また監事が複数いても、監査役会のような機関は設置されない。

　以上のとおり、通則法は会社法に比べガバナンスの考え方が極めて希薄である。法人の長を誰が監視するのか、との問いには、監督官庁が手取り足取り指導・監督するので組織のなかに監視機能など備える必要がない、とでも考えているのだろうか。総務省は、政府系機関のガバナンスを強化するためにトップを監視する機関の設置を考えるべきである。

(2) ガバナンス強化の方策

「通則法」の改正が必要

　株式会社に適用される会社法の方が、ガバナンスの仕組みとしては数段優れているのは明らかであるから、会社法を手本にして「通則法」を早急に改正すべきである。

　国の法人のなかに理事会や監事会などの監視機関を設置して、自浄作用が働く基盤を整えれば、目を覆いたくなるような税金の無駄使いや不祥事は随分と防止できるのではないか。

監事連絡会と監査役協会の連携強化

　政府系機関約140法人の監事が「独立行政法人、特殊法人等監事連絡会」を設けて、監査機能の充実・強化を目指しているが、頻繁な人事異動のためか活動はあまり活発とはいえない。

　日本監査役協会としても、監事の地位向上と自己研鑽に役立てることはないか、積極的に手を差し伸べて関係を強めてもらいたい。同じ立場にある監事と監査役が連携して、どうすれば経営を監視し、トップを牽制できるか、切磋琢磨する意義は大きいと思われる。そして、政府系機関の監事が公募される際には、民間の監査役経験者が数多く手を挙げてもらい民の手法を官に注入してもらいたい。

民営化（株式会社化）の促進

　日本道路公団、日本郵政公社などに引き続き、2008年秋には政府系金融機関も民営化された。「民営化して無駄な道路の建設は抑制されているのか？」といったような根本的な議論は別にして、ガバ

ナンスの面では特殊会社（特別法によって設立されている約30社）であっても株式会社になるメリットは大きい。

株式会社になれば、一般企業と同じレベルでガバナンス体制、すなわちCEOの監視体制の構築が進むと期待できるからである。

〇**監視機関を設置できる**

株式会社になれば、会社法の下で取締役会、監査役会などの機関が設置され、CEOの監視が可能になる。株式の一部を民間に放出すれば、「株主代表訴訟」の抑止力も機能する。

〇**社会の評価をうける**

ガバナンスの体制や考え方が、社会の目にさらされる。一般の株式会社と比較されるので、監督官庁にだけ向いていた目が自然と社会の方へ向いてくる。

〇**企業会計を導入できる**

公会計から企業会計に転換し、経営に役立つ会計システムが導入できる。PDCA経営、セグメント別経営を進めるためのツールとなる会計データが入手可能になる。

税務調査を受けることで、税金とコストの意識が高まる。

〇**内部統制が整備される**

リスクマネジメント体制の整備など、内部統制を充実できる。

〇**情報開示が進む**

記者会見、ホームページ、その他の手段で情報開示が進み、会社の透明度がアップする。

なお、株式会社になったとしても、個別法に基づく特殊会社と位置づけられて公的資本が投入されていると種々の規制が残る。

- 事業計画や重要事項（CEOや監査役の人事も）の主務大臣認可
- 事業会計規則により、勘定科目や財務諸表の形式なども規制
- 会計検査院の検査、など

　主務官庁が株主としての権限行使に限定し、規制を大幅に緩和すれば民営化の効果はさらに大きくなるものと思われる。

第2章

日本型ガバナンスの理想の姿

　第1章では、監査役を取り巻く環境を諸方面から考察してきた。監査役制度が万全ではなく、改善を要する課題も多く残されていることが理解いただけたと思う。

　では、日本企業の98％を占める監査役設置会社では、どのようなガバナンスの体制や運営が望ましいのだろうか。現実とのギャップを認識するために、そして理想に向けての改革を進めるために、日本型ガバナンスの理想の姿を描いてみる。

　「正しい経営姿勢を発信し実践するCEO」と「経営監視機能を発揮する監査役（会）」が、理想の姿を構築するうえでの鍵を握っている。

1 CEOの正しい経営姿勢

(1) 優れたCEOを選ぶ仕組み

　CEOの権限が絶大であるだけに、卓越したリーダーシップと高い倫理観をもった優れた後継者をどうすれば選び出せるか、すべての会社が抱える最大の難問である。しかし、残念ながら、決め手になる妙手や秘策は見当たらない。

①現CEOによる後継者選び

　ほとんどの会社では、現CEOが複数の後任候補者を競わせて、最終的に1人に絞り込んで後継指名している。日本の会社では社内登用が圧倒的に多いので、長年部下をみてきた現CEOの眼力に頼るこの手法は、今後とも続くものと思われる。
　社外取締役中心の指名委員会による選任は、他社の経営経験者を面接してリクルートする場合であればともかく、社内登用の場合にはあまり力を発揮できそうにない。
　現CEOの判断に大きく依存するとしても、最後まで黙して語らず、選考過程も選考理由もまったくの闇のなか、というのであれば、「社会の公器」たる会社のリーダー選びとしてはやはりなんらかの改善を要する。
　「優れた後継者選び」がもっとも大事な責務と認識してもらい、間違った判断をしないような手立てを考えてもらわねばならない。

次期候補になりうる副社長以下と気軽に相談するわけにもいかないが、少なくとも、監査役との定期面談の場で、退任の時機や後継者の条件などを語り合うことで、自らの思いを確認しながら徐々に考えを固めていくのが望ましい。監査役も、後継者問題について思うところがあれば、遠慮せずに自分たちの考えをCEOへ知らせておくべきである。

また法制上の「指名委員会」ではないが、アドバイザリー・ボードや諮問委員会などを設けて、CEOが自らの考えを開陳して意見を聞く機会を設けるのも一法である。

> **参考事例** 帝人グループはアドバイザリーボードを活用
>
> 「帝人グループ"コーポレート・ガバナンスガイド"」（2007年4月1日改定）より抜粋
> 「外国人2～3名を含めたアドバイザリー・ボードで、指名・報酬事項を審議する。
> 1. CEOの交代及び後任者の推薦（決定は取締役会）
>   （CEOは原則として退席し、審議に参加しない。）
> 2. CEOの後任候補者の選定及びCEO策定の後任候補者育成計画の審議、進捗状況のレビュー」

帝人では1980年までの28年間、一人の超ワンマン、カリスマ社長大屋晋三氏が84歳で亡くなるまでトップを続けていた。長期在任に伴う弊害への反省もあって、今はアドバイザリー・ボードを設け、指名委員会に似た役割を託している。

2001年11月、安居祥策氏（当時社長。現、日本政策金融公庫総裁）が突然、病気退任されたとき、長島徹氏（現、会長）への社長交代

が極めてスムーズに行われたのはアドバイザリー・ボードが立派に機能していた証左と思われる。

②CEOの退任ルール

　CEOが自ら退任を決断しない限り、周囲から退任を求めるのは難しい。

　当人の耳には、「退任すべきではない」との声ばかりが届き、退任の決断が先送りされる。そして、社内の空気が淀み、活気が失われていく。

　長期在任の弊害を防止するための1つの有効な対策は、CEOの在任期間をあらかじめ決めておくことである。CEOにとっても任期が決まっておれば、達成すべき目標とタイムスケジュールを描きやすいという利点がある。

　在任期間の定めは日本企業の知恵の一つであるが、在任期間を単なる内規にとどめず、「ガバナンス原則」として社外にコミットしている会社もある。内規を厳守する会社の強い意志を示した見習うべき手法といえる。

参考事例　住友商事はトップ在任期間を公表

住友商事ホームページ「コーポレート・ガバナンス原則」より抜粋

「取締役の任期は1年とし、再選を妨げない。上記に拘わらず、取締役会長及び取締役社長の任期は原則として6年を超えない。」

(2) CEOのあるべき姿

　CEOは正しい経営姿勢を内外に繰り返し発信し、自らも率先して実践しなければならない。

①「社会の公器」のリーダーとしての心構え

　社会の一員として社会の発展や問題解決に貢献してこそ、「社会の公器」としての会社の存在意義がある。そのリーダーとしてのCEOには、当然社会的な責任と義務がある。「ノーブレスオブリージュ（noblesse oblige）」の精神、自制自戒の気持ちで経営にあたる心構えが求められている。

　また、経営者に必要な「経験」「勘」「胆力」に加え、「聞く耳」をもって、社内の声、社外の声に耳を傾けてもらわなければならない。

②望ましい社風作りの先頭に立つ

　望ましい社風は、「肩書、年齢、国籍、性別を問わず社員が生き生きと働ける自由闊達な社風」「創意工夫、改革を好む社風」「ルールを順守し、不祥事を許さない社風」「相互に検証・監視して批判を素直に受け入れる社風」などである。

　CEOの言動がもたらす影響は計り知れないだけに、率先垂範して望ましい社風作りの先頭に立ってもらいたい。

③企業不祥事の防止

　不祥事の防止策として、社長がとくに重要と考えているのは次の

3点である。(「月刊監査役」2003年9月号「企業不祥事と監査役の役割」社長アンケート（P.29参照）結果より）

　（ア）悪いニュースがトップへすばやく伝わる仕組みを設ける
　（イ）トップの正しい経営姿勢を繰り返し社内に伝達する
　（ウ）取締役会で活発に議論して、社内の聖域をなくし透明度の高い企業風土を醸成する

　（ア）は、円滑な社内コミュニケーションや、内部監査部門によるタイムリーな問題指摘で、不祥事の芽を小さい段階から摘むことである。
　（イ）は、トップが不祥事を許さない断固たる姿勢を示すことである。
　（ウ）は、風通しのよい社風、問題を指摘しあい自由闊達に議論する社風を作ることである。
　不祥事防止の断固たる姿勢を浸透させるためには、「Tone at the Top」つまり、CEOが奏でる音色、発信する言葉、かもし出す雰囲気、皆の前でみせる行動で強い決意を示し続けなければならない。

④不正経理（粉飾決算）の防止

　多種多様な不祥事のうち、すべての会社に起こりうる可能性のあるのは不正経理（粉飾決算）である。トップ主導の不正経理はもちろん、部下が手を染める不正経理の防止にも努めなければならない。

「利益平準化」の誘惑に負けない
　CEOを含めほとんどの経営幹部には、常に利益平準化の考えが

去来しているといっても過言ではない。

- 年間を通じてビジネスはうまく回っているが、特定の四半期だけ赤字になるのをなんとか避けられないだろうか
- 外部に公表した目標を何とか達成したい。経費を繰延してでも、利益をふやせないだろうか
- 厳しくなる翌年度に備えて、予防的引当を増やしておきたい

　上場会社のCEOには、やりくりして約束した利益目標を達成するのも経営手腕の1つと考えている向きもある。会計方針の変更、引当金の見積もり、繰延税金資産の計上・取崩し、固定資産の減損処理など、を駆使して、ある幅のなかで利益を平準化したい、と思っているのだ。

　しかし、許される利益平準化と許されない不正経理の差は紙一重である。

　「傷は深くなり、最後は必ず露見する」「信用失墜による悪影響は甚大である」「損失を先送りしても問題は解決しない」「経営陣に損害賠償責任が生じる」と肝に銘じて、利益平準化の誘惑に負けてはならない。

トップの意向を慮った不正経理を防ぐ

　CEOが直接指示しなくても、周りの部下がCEOの意向を汲み取って不正を実行することもあるが、その責任はCEOが負わなければならない。

　「困ったな」「何とかならないかな」「打つ手はないか」などと口にする、あるいは態度で示すと部下が暴走する。CEOは、決算数

値に過剰反応して、喜怒哀楽を出し過ぎないように注意する必要がある。

「会社のため」「CEOを助ける」との理由で、部下が自分を納得させて不正に手を染めた場合、CEOはこのような言い訳をゆるさず、しかるべき処罰を下さなければならない。

部下が自らのために行う不正経理

不正経理を誘発する要因は次の3点といわれている。

「Incentive がある」
- 予算を達成したようにみせかけて、金銭面のインセンティブ（業績連動の報酬など）を得たい
- 高い業績評価を得て、昇進したい
- 上司や同僚に力を誇示したい

「Pressure がある」
- 目標未達成との烙印を押されたくない
- 上司からの叱責や責任追及から逃れたい
- 予想外の業績低下を説明しなくて済ませたい
- 同僚に差をつけられたくない

「Opportunity がある」
- 不正の手口と機会が存在する
- 内部統制が弱く、不正は発見されないと思う

部下に不正をさせないためには、過度なインセンティブとプレッシャーを排除して、不正の機会を与えないことである。

○**過度な成果給を排除**

業績連動による賞与支給は当然としても、その割合が極端に高くならないように配慮しておく。

○**利益の質も評価**

表面上の数値に惑わされずに、利益が何から生まれているのか、その中味（Quality of Earnings）を精査する。利益の先食い、費用の先送り、資産売却による特別利益などが含まれていないか、利益の質に目を光らせる。

○**多面的な業績評価**

組織や個人の業績は、売上や利益の数値だけで評価せず、定性面を加味した多面評価を試みる。

参考事例 三井物産は定性評価重視へ方向転換

総合商社では、組織別独立採算制度を採用しており各部や各支店の業績を利益などの定量（Quantative）に重点を置いて評価する。利益の絶対額に加え、対前年度伸び率、利益予算達成率、一人あたり利益額、総資産利益率などの数値を組み合わせて貢献度を測定し、賞与配分などに反映する。

どの商社も、定量評価重視で、定性（Qualitative）面の評価を副次的に加味してきたが、三井物産は、従来の定量評価80％、定性評価20％のウエイトを逆転して**定性評価を80％へ引き上げた**。

将来のための布石、リスクマネジメント、人材育成などの定性項目を、目の前の利益よりも重視する考えへ180度シフトしたのである。

利益数値偏重の評価制度が相次ぐ不祥事発生の引き金になったのではないか、との反省に基づく画期的な方向転換である。

> 三井物産（株）槍田社長（当時）（現在、同社会長）のインタビューコメント（「会社法務Ａ２Ｚ」2008年７月号より抜粋）
>
> 『仕事の「質」をきちんと管理していかないと、「お金が儲かって合法的なら何をしてもいい」という姿勢になります。そういうことの延長線上にひょっとしたら「国後島事件」「ＤＰＦ問題」があったのかもしれない。
>
> 組織の一人ひとりが何を目指して、どんな努力をしているのかを見て定性評価する方が「いくら稼いだか」というだけで単純に評価するよりもはるかに納得性が高いものになると思うのです。そこで、定性評価を80％取りいれるとともに、相対評価から絶対評価に変えました。』

2 経営監視システムの構築と開示

（1）経営監視システムの構築

「CEO」はリーダーシップを発揮して経営を推進する、「取締役会」「監査役（会）」「内部監査部門」「会計監査人」の４機関はそれぞれの役割に応じて経営を監視する、この経営推進力と経営監視力が車の両輪になって健全な会社運営が可能になる。

日本型ガバナンスの理想の姿は、社内に構築した経営監視システムが適切に機能して、CEOに正しい経営を実践してもらうことである。「監査役（会）」は、この経営監視システムの要として期待されている機能を発揮しなければならない。

取締役会

　非常時（CEOの解任など）には議決権を行使して最高決議機関としての役割を果たすが、平常時は、専ら経営執行の決定機関としての機能を発揮する。全取締役と全監査役が一堂に会して重要事項を決定する機関として、活発な質疑・議論を通じて徹底した審議を行う。

監査役会

　一義的、日常的な経営監視機関として位置づけ、CEOを筆頭とする経営陣の業務執行を日常的に監視する。

　業務執行に携わらない常勤監査役は、社内に常駐しており、企業文化を熟知していて情報も集まりやすいので、経営の現状と課題を把握しやすい。社外（非常勤）監査役は、社外（社会、株主など）の観点から意見を述べて監査役会としての意見形成に重要な役割を果たす。

　監視活動のなかでとくに重要なのは、取締役会での審議と、CEOとの定期面談の場である。また、会計監査法人の監査活動を監視し、適正な財務諸表の公表を担保するとともに、CEO直轄組織の内部監査部門が、リスクマネジメントにおけるモニタリング機能を果たしているか、その監査活動を監視しサポートする。

内部監査部門

　CEOの指揮下で経営レベルの監査を目指す。会社の問題点を指摘して改善を促す役割は監査役と共通するので、監査役との連携を深め、協力して経営の監視にあたる。

会計監査人

　外部組織ではあるが、社内を熟知しており経営監視システムの重要な一角を担っている。財務諸表監査および、内部統制報告書監査を通じて経営を監視する。監査結果は、監査役会へ詳細に報告し、改善に向けてのアクションを促す。

　また、監査役会および内部監査部門が、期待されている役割を果たしているかどうかも内部統制の観点から検証する。

　平常時の経営監視システムを図示すると次のようになる。なお、取締役会は平常時には「決定」機関と位置づけて、次図には記載していない。

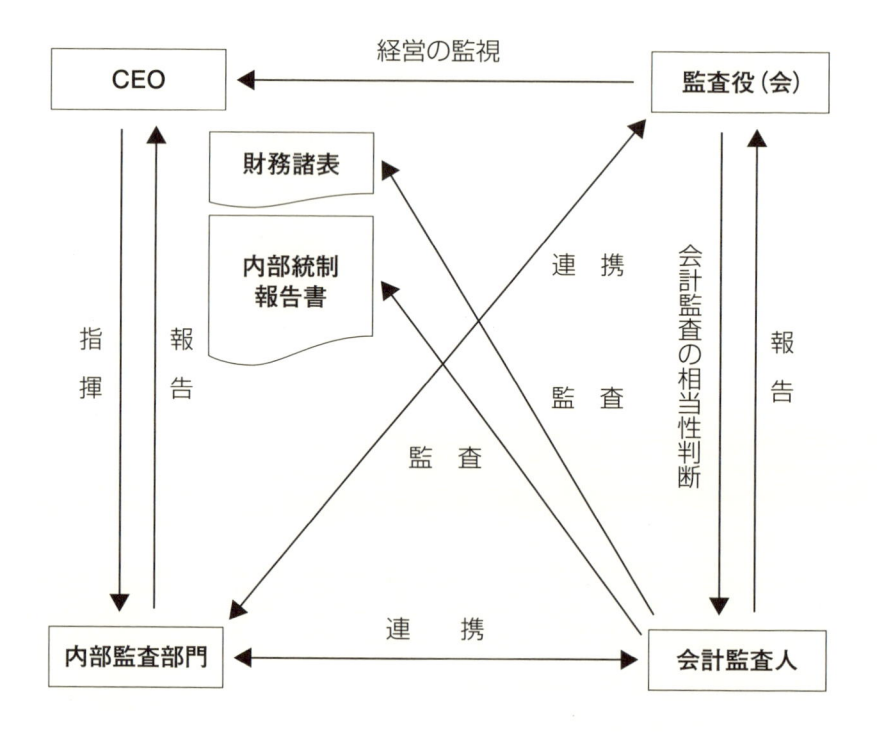

(2)「ガバナンス原則」の開示

　有価証券報告書の「コーポレート・ガバナンスの状況」、東証の「コーポレート・ガバナンスに関する報告書」、アニュアルレポート、ホームページなどで、自社のガバナンスの考え方と経営監視システムをわかりやすく開示する。

　経営監視にあたる各機関の役割をどのように考えているのか、相互の連携をどのように実践しているのか、要となる監査役（会）はどのように活動しているのか、社外取締役はどのような考えで導入しているあるいは導入していないのか、内部監査部門の陣容はどうか、などを工夫して説明する。紋切り型の通り一遍の説明で終えている会社も見受けられるが、内外の投資家は重大な関心をもって読んでいることに気付くべきだ。これからは、ガバナンスの仕組みとその開示を競う時代である。

3 活発に議論する取締役会

　社内における最高意思決定機関である取締役会で、活発な議論が行われる仕組みを構築する。

規模

　東証上場会社の取締役数は、１社平均約９名とスリム化が進んできた。執行役員制度の普及率が50％を超えるにつれ、４社に３社は

取締役数を6名から15名の適正規模にしている。

16名以上は20社に1社ぐらいと少ない。30名以上の会社はなくなった。

監査役の平均人数約4人を加えても、取締役会メンバーの総数は15人までが圧倒的に多い。議論を進めるにはほぼ適正な人数になってきたといえよう。

社外取締役

経営への助言を期待して社外取締役を導入する場合は、社外監査役との関係を明確にしておく必要がある。社外監査役は、経営の監視が主たる任務ではあるが、経営への助言も自由に発言させるなど、両者の間に、無用の遠慮や軋轢を生じないようにしておく。

議長

取締役会の議長は、CEOではなく、非業務執行の会長や社外取締役にすべき、との考えもあり、そのように運営している会社も散見される。

住友商事(株)「コーポレート ガバナンス原則」より抜粋
「会長は取締役を統理し、社長は当社の業務全般を統轄執行する。」

帝人(株)グループ「コーポレート・ガバナンスガイド」より抜粋
「監視・監督と対内的業務執行の分離の一環として、取締役会の議長は会長とする。」

> 会長は対内的業務執行には携わらないものとし、別段の必要がある場合を除いて代表権を持たない」

　非業務執行社内取締役で経営会議に出席していない会長（前CEOなど）が議長になって審議を進めるのは、1つの手法として評価できる。

　一方、ガバナンスの先駆者といわれているソニー（委員会設置会社）では、取締役会の議長も副議長も社外取締役としている。業務内容も、社内の組織も人も知らない社外取締役が、一体どのようにして取締役会を仕切れるのか想像もつかない。経営の真髄に触れるような議題は執行部隊で処理され、あたり障りのない議題ばかりが上程されているようでは別の意味で、取締役会の形骸化が進む。

　取締役会の議題の多くが業務執行に関するものである現実を考慮すると、CEOが議長を務めるのを一概に否定するのもどうかと思われる。CEOあるいは会長のいずれが議長になっていても、肝心なことは活発な議論、実のある審議が行われているかどうかである。

議題

　取締役会の議題は、多くが業務執行に関するものですでに経営会議（CEOの諮問機関）などで審議済みのものである。ほとんど同じメンバーで、同じ議題を再度、審議（説明、質疑、意見表明など）するのは二度手間と感じるかもしれないが、この手続きを経て最終決定する仕組みの意義を過小評価すべきではない。

　とくに、経営会議に出席していない取締役会メンバー（社外監査役や社外取締役、代表権のない会長などの非業務執行取締役など）の理解と納得を得るプロセスは重要である。

また業務執行の議題が多すぎて開催頻度と時間が増えている、社外役員の負担が大きい、との意見もあるが、むやみに簡略化すべきとは思えない。「取締役会付議規則」を改定して付議案件を減らしすぎると、取締役会の存在意義が薄れてしまいかねない。
　なお、監査役会の活動報告も、取締役会で定期的に議題として取り上げるべきである。

議論

　最高の意思決定機関である取締役会では、多くの方が発言して活発に議論したうえで重要事項が決定されなければならない。論点を明らかにして、自由闊達に議論して、適切な結論を引き出すのが議長の役目である。
　「沈黙の儀式」にしないためには、議長は経営会議などに出席していない取締役や監査役を指名して発言を求める、一方、監査役は議長からの指名がなくても、どしどし質問、意見を述べて議論を促すべきである。
　議題にもよるが、異論があるからといって安易に多数決で結論を求める必要はない。継続審議にしてでも、納得・合意を目指すのが日本型の経営手法である。議決権を行使した決定を乱用しても得るところは少ない。
　なお、取締役会の場で、「すでに経営会議で決定済み」との発言があると、議論が進まなくなるので、いわずもがなの禁句であると心しておきたい。

参考事例　全員沈黙のうちに閉会する山一證券の取締役会

　1997年に、巨大証券会社であった山一證券が自主廃業に追い込まれた。

わが国の企業文化を考える1つの実例として、同社の形骸化した会議の模様には考えさせられるものがあった。

同社では、常務会（経営会議）ですら審議の伴わない催事になっていたようで、取締役会は全員沈黙のままに閉会するのが常だったという。

このような運営を続けていた責任は、議長を務めていたCEOと監査役にあったといえよう。

> 河原久（元山一證券常務取締役）『山一證券失敗の本質』PHP研究所，2002年より抜粋
> **山一における経営会議の意思決定とその実行プロセス**
> 　山一の経営会議は、副社長会・常務会・取締役会によって構成されていたが、公式の最高意思決定機関は常務会であった。
> 　**副社長会**は経営に関する協議機関であるが、事実上は社長が既に意中で固めた経営事項などを副社長に伝達するための根回し会議であって、その間若干のやり取りがあったとしても、最終的には合意に至るという、いわば副社長の社長に対する忠誠度再確認の場であったといわれている。
> 　**取締役会**は我が国の大企業にもよく見られる典型的な事例と共通した形であり、議長がアジェンダを取り仕切り、主として日常の業務内容や連絡事項を伝えるとともに、業績や営業状況の報告を一方的に議長が行うための会議であった。恒例として月1回取締役の顔見世のために開かれるが、出席者は神妙な面持ちで聞き入り、質問はまったくといってよいほど見られず、全員沈黙のうちに閉会するのが常であった。
> 　したがって、山一では、経営方針や営業戦略など、会社の将

来に係わる重要な意思決定を行う常設会議は毎月3回開催される**常務会**であった。議長である社長は楕円形の大テーブルの奥中央に席を占め、対面の真ん中には筆頭副社長の席があり、以下役員序列に従って定席が決められている。あらかじめ企画室が作成した議題順に、議長が進行役になって、緊張した雰囲気の中で会議が行われるが、その間、議長以外の列席者の発言は極めて稀であった。しかも、経営を左右すると思われる重要議題ほど質疑のやり取りは見られない。

その後の時間の経過のなかで、主として筆頭副社長が会議に波風が立たないように気を配りながら時計を見て議長に閉会を促し、議長が会議終了を宣言することになるといったものだった。

常務会での発言が極めて限られている理由として挙げられる第一は、質問や意見など社長に対する発言そのものが何であれ、僭越であり失礼だと思われる危険性がある、第2は、社長に反対する意見を述べると、社長の権威に傷がつき、後にしこりをのこすことになり、出世の妨げにつながる。第3は、議題としてのすべての案件、とくに、重要な案件ほど、それぞれの管掌副社長、当該本部長、関連本部長間で、企画室長を通じて十分な根回し工作が行われていて、会長・社長も既に了解済みであり、議論の余地がない状況がつくり上げられているという事情がある。

すなわち、常務会ですら、山一では形式的であり、踏み込んだ実質的な審議のともなわない催事になっていた。これは山一のみならず、多くのわが国企業における最高経営会議の実態であったといっても過言ではないと思われる。……

議事録

　事務局は、発言内容をできるだけ詳しく記載した議事録ドラフトをE-mailなどで全出席者に回付して確認を求める。これを繰り返していると、間違いなくメンバーの発言が増えてくる。

　会計監査人による内部統制報告書監査などに備えるためにも、質疑、意見交換を詳しく記録した議事録を作成しておく。

社内取締役の教育

　日常の経営監視機能は監査役会が担うが、いざというときの非常時には取締役に議決権を正しく行使してもらわねばならない。

　業務執行を担当している社内出身取締役にも、取締役としての権限と責任（監視役割、議決権行使など）、株主代表訴訟、D＆O保険などに関する教育を毎年、繰り返しておく。

4 経営を監視する監査役会

(1) 役割の文書化と公表

　監査役会の真の役割は、社内ではほとんど理解されていないといっても言い過ぎではあるまい。何をする機関なのか、監査役自身もあいまいな認識では、ましてや他人が理解してくれるはずもない。

　まずやるべきことは、監査役会の役割を文書化することである。そのうえで、CEOとの確認、取締役会での承認を経て、社内外に公表して理解を求めなければならない。

「経営の監視機能」を明記する

CEOへの牽制役割までも書くかどうかは議論が分かれるとしても、少なくとも、経営全般を監視する役割を担っている点は必須記載事項である。

法律用語は避けて表現する

会社法の条文どおりに「取締役の職務の執行を監査する」と書いても部外者にはイメージがわかない。監査、監督、監視、検証などの言葉を使い分けても理解されない。法律用語を避け、平易な言葉でわかりやすく表現する。

監査役会の構成、運営、監査役の選任についても言及する

監査役会の役割に加え、社内・社外の監査役をどのように選ぶのか、についても考えを述べておく。監査役会という機関の紹介でもある。

参考事例 帝人グループの「監査役の役割」

公表されている資料でみる限りであるが、もっとも優れていると感じたのは、帝人グループ「コーポレート・ガバナンスガイド」である。経営の監視機能役割や監査役の選任方針が明確に示されており、すべての会社のお手本になるベストプラクティスとして紹介したい。

帝人グループ「コーポレート・ガバナンスガイド」(2009年4月1日改定) より抜粋

　～コーポレート・ガバナンスとコンプライアンス、リスクマ

ネジメントに関する指針~
4. 監査役及び監査役会
　(1) 監査役会
　　(a) 監査役会の役割
　　　監査役全員で構成する監査役会は、経営に関する監視・監査機能を有する。各監査役は取締役会そのほかの社内重要会議に出席し、意見の表明及び勧告を行う。
　　(b) 監査役会の構成
　　　Ⅰ.監査役数は原則として5名とする。その過半数を社外監査役とし、対外透明性を担保する。
　　　Ⅱ.監査業務の視点からは、社内事情を熟知した常勤監査役の存在を重視する。
　　　Ⅲ.社外監査役は別途定める独立監査役要件を満足すべきものとする。社外監査役の選任にあたっては、専門性を考慮し、バランスのとれた構成とする。
　　(c) 監査役の選任
　　　監査役会として監査役候補者の提案・同意を行う。監査役の任期については、法定任期の4年を重視する。
　(2) グループ監査役会
　　(a) グループ監査役会の役割
　　　Ⅰ.グループ監査役会は、グループ連結経営に対応した帝人グループ全体の監視・監査の役割を担う。グループ監査の基本方針の策定、重点監査事項の選定等を協議し、決定する。
　　　Ⅱ.定例の会合を通じて情報の共有を図り、監査結果のフォローを行う。グループ監査役会メンバーの相互研鑽も

重点事項とし、常に水準向上を図る。
　（b）グループ監査役会の構成
　　　原則として帝人（株）の監査役及びグループ会社の監査役専任者で構成する。
　（c）海外グループ会社
　　　帝人（株）の経営監査室による内部監査体制を主軸とし、会計監査に関しては、監査法人による監査を義務付け、帝人（株）の監査役も計画に基づき往査を行う。
（3）監査役会・グループ監査役会と他の監査主体との関係
　（a）帝人（株）及びグループ会社の監査法人との連携を強化する。監査法人の選任・交代に関しては、原則として帝人（株）の監査役会が主導する。
　（b）帝人（株）の経営監査室との連携を強化し、内部監査情報の恒常的かつ網羅的把握を行う。

参考事例　伊藤忠商事の「監査役の役割」

　伊藤忠商事（株）の丹羽宇一郎社長（当時）（現在、同社会長、地方分権改革推進委員会委員長）は、監査役に「社長への牽制役」を期待していると内外に明言していたので、監査役会の役割に明記していた。次のように取りまとめて取締役会で確認した後、社内報に掲載して社内および、グループ会社へも広く知らせていた。

伊藤忠商事（株）　丹羽社長（当時）のコメント
2002年4月監査役全国会議講演記録（「月刊監査役」2002年6月号より抜粋）
『コーポレート・ガバナンスで一番大事なことは「社長が裸の

王様にならないようにしなければならない」ということです。

「裸の王様」を解決する道は何か。本人の自覚が第一ですが、私が頼りにしているのは「監査役会」と「組合」です。監査役にはもともと文句を言う人ばかり選びました。社外監査役を含めて監査役会の意見として言われると、監査役個人の意見ではないので耳を傾けざるを得ません。監査役会と組合という二つの機関が私に対するチェックを行っております。』

伊藤忠商事（株）　監査役会の役割（2003年当時）
（同社「社内報」2003年3月号より抜粋）

(1) 商法上の役割（必須業務だが、これだけでは不十分との認識）
　○会計監査人による監査のレビュー
　○不正行為や定款・法令違反がないことの確認等
(2) グループの経営モニタリング（監視）役割
　○主として次の観点から
　　・リスクマネジメント（正しい決算と開示等）
　　・コントロール（内部統制、コンプライアンス等）
　　・ガバナンス（意思決定機関、企業倫理、トップの姿勢等）
　○ＣＰＡ監査、内部監査、カンパニー自主管理、グループ常勤監査役活動の有効性
(3) 社長（CEO）への牽制役割
　　権限が集中する社長の行為や判断を監査役会としてチェック

(2) 社内・社外監査役の人選

　大多数の会社では、CEOが次の監査役候補者を選んでいるのが現実である。監視される人が監視する人を選んでいる、との批判はあるが、これといった代案も見当たらない。当面は、「内外からの厳しい目」の存在をCEOに理解してもらうとともに、「監査役会の提案権、同意権」を具体的にどのように実行していくかをCEOと監査役の間で繰り返し話し合う努力を続けることだ。

内外からの厳しい目

　次の監査役候補者として誰を選ぶかで、CEOのガバナンス意識が厳しく問われている。百の説教よりも一つの人事で、CEOの考え方がプラスにもマイナスにも評価される時代になっているので、心して最適任の候補者を選ばなければならない。

　半数以上の社外監査役には、高い見識を有する企業経営者を選び、経営監視の役割を担ってもらいたいこと、加えて経営への助言も期待していることをCEOが直接、明確に伝えておく。

　最近、メインバンクや大口取引先の経営者、あるいは親会社の幹部は社外取締役としての独立性を欠いているとの主張がみられるが、形式的な「独立要件」を求めるあまり、実質的な「社外の目」機能が低下してはならない。独立性を追及するあまり、弁護士、公認会計士、学者などのいわゆる専門家を選ぶケースもみられるが、専門的な見地からの意見にかたよってしまわないか、と危惧する。

　弁護士の知識が必要なら、監査役会が独自の顧問契約を結べばよい。

会計士の起用は、会計監査を依頼している会計監査人との重複を招くだけで何を意図しているのか理解しがたい。

　学者先生には、専門分野のアドバイスはできても、一般的には経営の監視やアドバイスは難しいのではないか。CEOが素直に耳を傾けるのは、やはり他社の経営経験者で、自社のことをある程度わかっている方の意見ではないだろうか。

　なお、会社法施行規則第121条8号では、「監査役又は監査委員が財務及び会計に関する相当程度の知見を有しているものであるときは、その事実」を事業報告に記載しなければならないとしている。監査役はこのような知見をもっていることが望ましいとの期待感が読み取れるが、「いわずもなが」の無用の条文である。

　会計知識をもった人を監査役にしたほうがよいとの考えは、アメリカのAudit Committeeに習ったものと思われるが、監査役(会)の役割を会計分野に封じ込めることにもつながりかねない。

　監査役(会)の役割は、Audit Committeeよりも広範囲である。監査役は、経営全般を監視する覚悟と、健全なバランス感覚をもっていることが肝要であり、専門的な知識はあっても邪魔にはならないが必須ではないと考えるべきだ。

監査役会による提案権、同意権

　まずはCEOに、監査役会に提案権、同意権が付与されている点をきちんと伝えて理解してもらわなければならない。そしてCEOとの定期面談の場で、次の監査役候補者をどのように選ぶか、機会あるごとに意見交換するのが望ましい。CEOと監査役の双方が納得する候補者を選ぶには、早い段階からお互いの思いをぶっつけあうのが一番である。監査役は4年の任期を全うすれば再任はないと

の前提で、後継者候補を絞り込んでCEOに伝えておくこともできる。

前述の帝人グループ「コーポレート・ガバナンスガイド」では、監査役会が提案、同意を行う旨が明確に示されおり、見習うべきベストプラクティスといえる。

(3) 社外監査役の活用

社外取締役を導入していない会社では、監査役会の半数以上を占める社外監査役が貴重な「社外の目」となる。狭い範囲の監査事項に限らず、経営全般について、存分に意見を表明してもらう雰囲気と仕組みを整備する。そのためには、監査役会の場を通じ、経営会議などの社内会議に出席した常勤監査役から、審議経過などの重要情報をもれなく伝えておく。

(4) 監査役スタッフ

監査役スタッフは、会社法施行規則第100条③で「監査役の職務を補助すべき使用人」（補助使用人）と表現されて始めて登場した。

しかし、義務化されているわけではないので、上場会社でも専任のスタッフが配置されているのは、わずかに５社に１社程度に過ぎない。兼務者のみ配置している会社が33％、専任・兼務ともに配置していないのが47％に達している（「月刊監査役」2008年11月号別冊付録より）。

監査役の活動を支えるスタッフが異常なほど少ないが、その原因は次のいずれかである。

○ 監査役自身が経営陣に配置を要求していない
- 何をしてもらうべきかがよくわからないので、スタッフの必要性を監査役自身が強く感じていない
- 経営陣に遠慮して要求していない
- 人員の効率的配置を熟慮して、要請を控えている
- 内部監査部門の充実を優先すべきと考えている

○ 経営陣が監査役の要請に応えていない
- 監査役自身が活動すれば十分で、スタッフは不要と考えている
- 兼務スタッフで十分ではないか、と考えている
- 専任者を配置する余裕がない
- 内部監査部門の充実を優先している

　監査役自身が経営陣に遠慮して要求していない、あるいは経営陣が監査役の要請をさしたる理由もなく無視しているのであれば、これは問題である。監査役は、大事な職務を果たすために必要な経営資源（スタッフ、経費など）はきちんと要請すべきであるし、CEOも要請には真摯に対応しなければならない。

　CEOとの定期面談の場などで、腹を割って話し合い、今すぐ配置できないとしても、将来の計画を確認しておくべきだ。

(5) グループ監査役会

　グループ経営を監視するうえで、連結子会社や重要な持分法適用会社の監査役との連携は欠かせない。グループの監査役全員が一同に会し、グループ経営情報の共有、グループ監査方針の徹底、経営監視上の問題点などを話し合う意義は大きい。

親会社監査役会と、傘下の関係会社監査役の間に、「ホットライン」を設けるなど、グループ内で監査役同士が緊密に連携しているという事実は、関係会社のCEOを牽制する強い力にもなる。

(6) 監査役会の日常活動

　監査役会は、「社長との定期面談」「取締役会での意見表明」「会計監査人や内部監査部門との連携」「社外監査役との緊密な意見交換」「経営幹部との面談」「現地訪問」などを通じて、経営監視機能を発揮する。

一番重要な活動は社長との定期面談
　例えば、毎月1回1時間ほど、CEOと真正面から向き合って経営問題について意見交換する場である。CEOとの忌憚のない話し合いのなかで、CEOの気力、体力、知力を観察することもできる。実りある定期面談が行われておれば、監査役の監視活動は十分機能していると評価できる。一方、面談が定期的に行われていない、適切なテーマが取り上げられていない、CEOの一方的な発言ばかりでお説拝聴になっておれば、監視ができているとはいえまい。「定期面談」については、第3章で詳しく述べる。

次に重要な活動は、「社内の雰囲気」を知る活動
　多くの部、支店、工場、子会社などを訪問し、そこで働いている社員の喜び、願い、悩みなどに耳を傾けて、良い方向にもっていくために意見を交わすことである。あらゆる部署と対話できる監査役は、会社の経営方針がどの程度浸透しているか、多くの社員がはつ

らつと働ける環境が整っているか、望ましい社風が醸成されつつあるか、などを肌身で感じて、必要な対策を進言できる立場にある。この点では、すばらしい会社にしたいと願っているCEOと目標を共有している。

次は、社外からの情報収集

リスクマネジメント、ガバナンス、会計基準、監査基準、買収防衛策、アクティビストのねらい、他社のベストプラクティス、会社法の改正、など監査役が関係する情報を入手し、CEOや社内関係部署に伝える。

社内に引きこもっていては、生きた情報は得られないと心すべきだ。

5 CEO直轄の内部監査部門

内部監査部門は、法定機関ではないがガバナンス体制に欠くことのできない重要な組織である。CEOの目となり耳となって、経営の監視、リスクマネジメントのモニタリング機能を担っている。

CEO直轄の組織であるので、CEOの監視を役割とする監査役（会）とは立場を異にするが、経営を監視する点では共通している。お互いの立ち位置を理解したうえで、緊密に情報交換して連携を深めなければならない。

(1) 内部監査の重要性

　内部監査は、主に監査の目的と監査を実施する人の面で、外部監査（会計監査人による会計監査）とは異なる。

　内部監査の目的は、組織のなかの業務や手続きの非効率、欠陥、不備や放置されているリスクなどを発見し、その改善策を提言して経営の役に立つことである。監査を実施する人は、内部監査部門に所属する同じ会社内の社員である。

　法定の外部監査（会計監査）と異なり内部監査は任意であるが、今や、企業を経営していくうえで不可欠の機能とみなされるようになってきた。組織図に内部監査部門が見当たらない会社は、それだけでガバナンスやリスクマネジメント体制が不備ではないかと、評価されかねない。

目的は経営に役立つこと

　IIA（内部監査人協会・本部アメリカ）は、内部監査の定義を体系的手法でリスクマネジメント、コントロール（内部統制）、ガバナンスを評価し、改善を提案する仕事であるとしているが、ポイントは「経営の役に立つ」という目的にある。経営に役立つ内部監査機能とは、単に問題点を指摘するだけではなく、思い切った改善策を提案し、その実行を促すことである。

> **内部監査の定義**（IIA-The Institute of Internal Auditors）が1999年に制定
> （日本内部監査協会訳）
> 『内部監査は、組織体の運営に関し価値を付加し、また改善す

るために行われる、独立にして、客観的な保証およびコンサルティング活動である。内部監査は、組織体の目標の達成に役立つことにある。このために、内部監査は、、体系的手法と規律遵守の態度をもって、リスクマネジメント、コントロール、および組織体の統治プロセスの有効性を評価し、改善する。』

(2) 内部監査組織の現状

専任者を配置している上場会社は、2005年では約70％だったが、今や88％近くに達している。しかし、組織はあるが兼務者のみの会社が8％、専任者も兼任者もいない会社が3％あるので、全上場会社約3,900社のうち400社強にはまだ内部監査の専任者が配置されていない。

新規上場の時には、内部監査機能の有無、その活動状況を厳しく審査されているはずだが、その後、縮小、廃止されてしまったのだろうか。

部門員数はまだ少ない

日本内部監査協会「2007年監査白書」によれば、専任者を配置している会社のうち、約59％は部門員数3人以下である。近年、増強に努めている会社が増えているものの、全体としてはまだ少数といえよう。

CEO直轄組織が増加

従来の管理担当役員あるいはCFO傘下型が減り、今や77％がCEO直轄の組織となっている（1988年は約50％）。内部監査機能の

重要性について、CEOの理解が進んできた結果と思われる。

　ごく少数の会社では、取締役会や監査役会直属としてCEOも監査対象とする姿勢を示しているが、実際に機能しているのかどうかはわからない。監査結果を取締役会や監査役会にきちんと報告する仕組みがあれば、CEO直轄の方が、指揮命令系統が明確でわかりやすい。

名称

　監査部(室)と内部監査部(室)の名称を付している会社が約75％。

　経営監査部の名称も約4％。この名称を付している東芝、日本電気、帝人、関西電力、キリンホールディングスなどでは、経営層を意識して経営レベルのテーマを監査する心意気が感じられる。

　金融機関に多かった「検査部」の名称は激減してきた。

(3) CEOの大事な経営ツール

　CEOの目となり耳となって、社内で今何が起きているのか、どんなリスクが隠れているのか、を見つけ出して改善提案してくれる組織は、すべてのCEOにとって不可欠の経営ツールである。

独立組織の設置

　一部の会社ではいまだに独立組織を設けていないが、次のような考えが根底にあるものと思われる。

　○それぞれの部が全社にわたって担当業務をしっかり統制しておれば、独立した監査部門をわざわざ設ける必要性があるのだろ

うか
　→経理部、法務部、総務部、人事部などがそれぞれの業務について全社に目配りしているとしても、個々のリスク管理にすぎず、統合したリスク評価はできない。また、各部が期待どおりの機能を発揮しているかを検証する組織が必要である。
○終身雇用の下で長年勤務している社員は信用できるし、信用したい。社員を疑いの目でみる監査は本当に必要か
　→部下を丸々信用して検証しない経営スタイルでは、社内の緊張感が薄れ、他人の批判を受け入れない社風を醸成する。信頼する部下の報告だからこそ、内部監査部門に検証させて間違いがないことを確認すべきである。
○必置の法定機関である監査役に内部監査をやってもらいたい
　→監査役会はCEOをはじめとする経営陣の監視が役目であり、CEOの部下ではない。時間をかけてでも、CEOが直接指揮できる内部監査部門を充実すべきである。

　モニタリング機能をもたない、あるいは十分に機能していない会社では、健全な批判を受け入れながら問題点を改善していく、いわゆるPDCA（Plan,Do,Check,Action）経営が根付かない。
　独立組織を設け、機能の充実を図るのはCEOの任務である。
　なお、独立した専門組織を設けていても、管理担当副社長や、総務部の傘下に置いている会社もあるが、やはりCEO直轄が望ましい。監査される側の意識も一段と真剣さが増してくるし、内部監査部門にとってはCEOに直接報告できることが経営に役立つ監査を行ううえでの「力の源泉」になる。そして、自然とCEOの関心が高い経営課題を監査テーマとして選び、監査報告書では経営に役立

つ提言を目指すようになってくる。

適任者の配置

　会社を良くしたいという「志」と、勇気をもって提言する「使命感」をもった部門長を選んで配置する。他部門から意欲のある社員を社内出向させて数年間監査にあたらせると、経営の視点が広がり改革マインドが高まるので出身部門に戻っても活躍が期待できる。内部監査部門は、経営幹部候補生を教育する絶好の場だ。なお、問題意識の高い若手社員には、内部監査を「経営の改革に提言できる仕事」と理解して自ら希望する向きも増えてきたので、「社内公募」で部門員を募るのも一法である。

> 三菱商事（株）小島社長のコメント
> 2009年4月監査役全国会議　講演記録（「月刊監査役」2009年6月号より抜粋）
> 「監査部で仕事をすることにより経営の視点が身につくということです。現在監査部には営業グループから社内出向して活躍している社員も30名ほどおります。社員一人ひとりに経営の視点を持ってもらうために、監査部へ社内出向することは大いに役立つと感じました。」

経営のツールとして活用

　CEOが内部監査機能を経営に活用している会社では、「任務の遂行状況を検証されるのは当然である」「問題点の指摘と改善提案には真摯に対応すべきだ」との考えが定着し、PDCA経営のサイクルがうまく回っていく。

CEOは、例えば次のような進め方で、監査報告を経営のツールとして活用できる。

(ア) 経営会議などの満座のなかで、監査部長から監査結果を報告させる
(イ) 「内部監査の指摘事項、改善提案についてどう考えているのか」と被監査部署の責任者にCEOが問いかける
(ウ) 被監査部署は、課題解決の難しさ、改善の見通しなどを回答する
(エ) 問題点を共有し、出席者間で対応策を議論する
(オ) 最後に、CEOが対応策(担当部署、期限なども)を指示し、フォローアップ監査の時期を監査部に命ずる

この手法では、問題の本質を理解した出席者全員が議論に参加できるので、当事者意識が高まり対応策の実現度も高まる。CEOが自ら問題提起して事細かに指示するやり方よりも数段優れた手法といえよう。

(4) 監査役会による支援

CEOの指揮下にある内部監査部門と、CEOを監視する監査役会は組織上のつながりはないが、リスクマネジメントや内部統制面から会社の問題点を指摘して改善を促す役割は共通している。

「力を合わせて社内の経営監視システムを機能させよう」と、監査役側から声をかけてもらいたい。そして、監査要員増強の進言、監査障害の除去、監査結果のフォローアップなど、監査役会が内部

監査部門を全面的にサポートする。

- 内部監査部門の社内での地位を高め、優秀な社員を配置し、経営に役立つ監査ができる環境づくりをCEOや幹部社員に働きかける
- 内部監査部門と監査役・監査役スタッフが定期的に情報交換する。経営会議や取締役会の審議結果報告の場に、内部監査部門長を同席させて重要情報を伝達する
- 経営レベルの重要課題の監査（経営監査）を後押しする。限られた監査資源が枝葉末節の検査に使われていないか、大事な経営課題を取り上げることに躊躇していないか、チェックする
- 思い切った改善提案をするよう、激励・鼓舞を続ける
- 内部監査報告を真剣に聞いて、指摘事項・改善提案のフォローアップをサポートする
- 外部機関に内部監査の品質評価を依頼し、業務改善を促す
- 会計監査人と内部監査部門の連携を仲立ちする

(5) 監査役の「内部監査部門化」は不可

　自分でも監査できる、あるいはCEOから要請されているとして、監査役自らが内部監査に精を出している例が散見される。しかし、自ら監査してその結果をCEOに報告するのが最大の仕事と考えているようでは、監査役が「内部監査部門化」してしまう。監査役の役割は、内部監査部門が機能しているかどうかを監視し、支援することである点を忘れてはならない。

内部監査機能への懐疑的な見方

　一部の監査役は、内部監査部門との連携に懐疑的であるが、同部門を強化して活用するのが進むべき方向である。

○内部監査部門はCEO直轄の組織。CEOを監視する監査役が内部監査部門と連携するのは筋違いではないだろうか
　→立場は違うが、いずれもガバナンスを支える重要な社内機関であり、経営を監視する役割は共通している。積極的に連携すべきである。

○経営者の指揮下にあるので、for managementの監査（経営陣のための監査）はできるが、of managementの監査（経営陣そのものの監査）はできない
　→経営レベルのテーマにも取り組むよう激励し、サポートする。監査上の障害があれば監査役会がその除去に尽力する。

○内部監査は、検査の域を出ていない。細かい点の指摘ばかりであまり経営に役立っていない。自分たち（監査役）のほうが、経営にインパクトのある大事なテーマを掘り下げて監査できる
　→監査役が自ら手を下すと、「つまみ食い監査」「その場限り監査」になりかねない。長い目でみて、内部監査のレベルアップを目指して支援する方が会社のプラスになる。

○内部監査部門は、取締役会などの重要な会議に出席していないので、経営の問題や悩みがわかっていない
　→監査役は、重要会議の結果を定期的に伝達して内部監査部門

の意識向上と意欲喚起を促す。

○ 内部監査部門を増強するよりも、監査役が直接指揮できる監査役スタッフを増やす方が会社のプラスになる
　→監査役およびスタッフは、内部監査の考え方や手法を体系的に習得していないし、継続してノウハウを蓄積する体制が整っていない。永続組織としての内部監査部門を着実に強化すべきである。

○ CEOからは、内部監査部門に人を配置できないので監査役がしっかりみてくれといわれている。期待に応えたい
　→監査役は、CEOの指揮を受けて内部監査に従事する役割ではない、監査役は「自ら監査する」よりも、「内部監査をきちんとやらせる」のが役目であることを説明し、内部監査部門の設置、必要人員の配置を粘り強くCEOへ進言すべきである。

(6) 内部監査部門への期待

経営レベルの監査テーマ選び
　CEOとの対話を通じて、CEOが関心をもっている、あるいは心配している経営上の重要テーマを取り上げる。例えば、「取締役会や経営会議の運営」「経営基本方針の浸透度」「リスクマネジメント体制の有効性」などの経営レベルのテーマにも果敢に挑戦する。

インパクトのある監査報告書

　CEOの関心を引きつけるインパクトのある監査報告書を作成するには、状況説明だけに終始せず、問題点を冷徹に指摘し、思い切った改善提案を織り込まなければならない。

　内部監査報告書の目的は、次の3点である。

「Inform（事実を整理して関係者に伝える）」
「Persuade（改善の提案を納得してもらう）」
「Get results（成果を得る）」

　改善提言が採用されない限り、内部監査が経営の役に立ったとはいえない。被監査部署が納得し、自ら実行しようと思うような説得力のある提言を試みてもらいたい。監査報告書は、別名「署名入りの内部告発書」ともいわれているように、物議をかもし、議論を巻き起こす起爆剤としての役目も期待されている。あたり障りのない報告内容に終始していては、期待に応えられない。

部門員の教育

　経営の視点をもった幹部候補生を育てるに最適の部署と考えて、部門員を教育する。監査を通じて、問題点を分析し、改善策を考える力を身につけた部門員は、他部署や子会社に異動しても活躍が期待できる。

　なお、CIA*（Certified Internal Auditor＝公認内部監査人）資格の取得に挑戦させるなど、部員の専門能力アップを促すことも大事である。

＊CIAは、世界共通の公認内部監査人資格。1999年から日本語でも受験可能となり、わが国の有資格者は4,000人を超えている（2009年6月現在）。内部監査部門員にかぎらず、他部署の社員、監査役の受験者も年々増えている。

(7) 東証への期待

上場会社のガバナンス向上に注力している東京証券取引所には、内部監査機能の充実を目指して上場会社に更なる情報開示を求めてもらいたい。

- ○新規上場時に厳しく審査された内部監査機能がその後どのように変わったのか、フォローアップが必要である。上場後、機能が縮小・廃止になっておれば説明を求める
- ○内部監査部門の陣容、活動状況などを、「コーポレート・ガバナンス報告書」の必須記載事項とする

参考事例 三井物産のすぐれた開示

> 三井物産（株）のコーポレート・ガバナンス報告書より
> - ガバナンス図表に内部監査部門を明示し、監査役会との間を点線で結び、連携関係を明らかにしている。
> - 部長1名、検査役39名、その他の監査担当職員48名、スタッフ15名の合計103名を、本店内部監査部（70名）、海外内部監査室（14名）、業務監査室（13名）および関係会社（6名）に配置している旨を明記。

6 不正経理を防止する会計監査人

会計監査人と監査役（会）は、共同して不正経理（粉飾決算）の

防止に務める。会計監査人は専門家として財務諸表を監査し、一方、監査役（会）は会計監査人の仕事ぶりを監視する役目である。もし会計監査人が不正の兆候を発見したら、まず監査役（会）に報告し、対応を要請する。トップ主導の不正経理を防止する最後の砦は、監査役会である。

　2008年度から、財務諸表監査に加えCEOが作成する財務報告に係る内部統制報告書も監査対象となった。会計監査人の監査対象が広がり、監査時間・報酬も大幅に増える。CEOと監査役には、会計監査人とのコミュニケーションを密にして、監査結果を真摯に受け止めて経営に生かす姿勢が求められている。

(1) 指摘事項の報告は監査役からCEOへ

　会計監査人は、財務諸表と内部統制報告書の監査を通じて、グループ内の経営実態、内部統制システムの状況を詳細に把握している。適正意見の「お墨付き」をもらえればそれで終わり、とするのではなく、指摘事項を聴取して、経営改善に役立てなければならない。

　会計監査人の監査結果はまず監査役が聴取し、監査役がCEOに報告して指摘事項に対する対応策を講じてもらうよう要請する。会計監査人に監査を依頼した立場の監査役が会計監査人と経理部などの担当部内双方の考えを聴取して、指摘事項、意見の相違点、担当部門の対応、自らの意見などを整理してCEO宛に報告する。

経理部門からCEOへの報告は不可

　一部の会社では会計監査が終了した時、経理部門からCEOへ結果報告しているようだが、これは改めるべきだ。監査を受けている

経理部門は自らを正当化しようとするのは当然で、監査上の問題点や指摘事項がCEOに正しく伝わらない恐れがある。

「会計監査人から厳しい指摘があったが、当期利益が修正されないように経理部門があれこれ説得に努め、どうにか納得してもらいましたのでご安心ください」といったような報告がCEO宛になされているようでは、何のための会計監査かわからなくなる。

(2) 監査役による会計監査人の監視

監査役(会)は、専門家である会計監査人と同じ視点で重複して会計監査を行う立場ではない。会計監査人の監査の方法・結果が相当であるか否か、の意見を表明するために、会計監査人の仕事ぶりを監視するのが役割である。

監視のポイント
○**会計監査人の姿勢、能力は満足できるものか**
担当パートナーは、厳正な監査を遂行できる姿勢と能力を備えているか、CEOにきちんと問題点を指摘できる人物かどうかをを確認する。
○**会計監査人の独立性は十分か**
会計監査以外の業務（経営コンサルタント業務など）を依頼していないか、独立性に疑問をもたれるような事実はないか、とくに経営陣との関係で独立性を損なうような馴れ合い関係がないことを確認する。
○**必要な監査時間と監査報酬を得ているか**

監査報酬が少ないことを理由に、監査範囲を狭めたり、監査時間を短くしていないか、を確認する。

○ **会社側の協力は十分か**

経営陣、経理担当部署、子会社などから監査に必要な協力を十分に得ているか、監査上の障害はなかったか、を確認する。

監査結果の聴取

監査役会は、会計監査人から監査結果報告を聞き、意見交換する。

- 監査上の発見事項
- 会社側との意見相違点
- 意見相違点の解決状況
- 経営者確認書の内容
- 子会社の監査結果
- 内部統制報告書の監査で気付いた点、など

(3) 財務報告に係る内部統制報告書の監査

2008年度から、CEOが作成する内部統制報告書を会計監査人が監査する制度が始まった。「財務報告に係る内部統制」という範囲限定ではあるが、経営者の意識、社内制度、監査役の活動状況なども監査対象として評価される。とりわけ、監査役（会）が機能しているかどうかは、これまで誰も評価してこなかっただけに、会計監査人の評価には期待が集まる。

しかし、監査役会の開催頻度や、議事録の作成などの形式的、表面的な評価に終わる可能性も危惧されている。会計監査人には、次のようなポイントについて、思い切った評価・提言を求めるべきで

ある。

会計監査人による監査役（会）活動の評価ポイント
- 監査役（会）は、経営者を適切に監視する責任を理解しているか
- 取締役会などの場で、きちんと発言しているか
- 重要な社内会議に出席して、必要な社内情報を入手しているか
- CEOと定期的に面談し、経営上の課題について意見交換しているか
- 社外監査役は、適切な情報を入手し、役割を果たしているか
- 監査役の選任、交代に、監査役（会）の同意権、提案権は尊重されているか
- 監査役スタッフは、必要人員が配置されているか
- 監査役（会）の役割、責任が記載された文書は公開されているか
- 監査役会の開催実績の記録や議事録などは整備されているか
- 会計監査人の監査結果は、監査役からCEOにきちんと伝えられているか

（4）会計監査人の選任権、報酬決定権

　株主総会で選任される会計監査人の選任議案については、監査役会の同意が必要とされているし、監査報酬についても同じく監査役の同意を要することになっている。実際には、いずれも経営陣（経理部門）が主導して決定しており、同意権は形骸化しているケースが多いようだ。

会計監査の方法と結果が相当であるとの判断を求められている監査役が、選任権および報酬の決定権をもつ（この場合、経営陣は同意権をもつ）のは至極あたり前のことであるが、いまだに法改正にいたっていない。

　「会計監査人の雇い主は監査役会」という考え方が、わが国でも定着するまでには今しばらく時間がかかりそうであるが、それまでは同意権を活用して選任・解任や報酬決定に監査役（会）が積極的に関与すべきである。

　2002年SOX法により、アメリカのAudit Committeeは、会計監査人の任命、報酬決定および監視に直接的な責任をもつようになった。会計監査人にとってのクライアント（会計監査のサービスを提供する相手）は、もはやCEOではなく、Audit Committeeである点が明確になったのである。

ゼネラルエレクトリック（GE）会長CEO　Mr.Jeff Immeltのコメント
2002年11月（サーベンスオクスリー法が制定された直後）公認会計士協会での講演より
「Sarbanes-Oxley may potentially bring about the biggest change to your profession（CPA）in the last 100 years.
I（CEO）am no longer your client. Your client is now the Audit Committee of General Electric………」

　わが国でも、帝人（株）が本来のあるべき姿を先取りして「監査役会が選任・交代を主導する」旨を公表しているが、特筆すべきべ

ストプラクティスである。

> **帝人グループ「コーポレート・ガバナンスガイド」より抜粋**
> 4. (3) (a)「帝人（株）及びグループ会社の監査法人との連携を強化する。監査法人の選任・交代に関しては、原則として監査役会が主導する。」

経団連には賛成意見への転換を期待

経団連の「より良いコーポレート・ガバナンスをめざして（主要論点の中間整理）」（2009年4月）によれば、主として次の理由から監査役が決定権をもつことに反対の意向を表明している。

- 監査役は経営陣から独立の存在として監査機能を果たすという制度趣旨に反し、業務執行の意思決定の二元化をもたらしかねない
- すでに有している同意権を行使すれば十分に目的を発揮できるではないか

経団連の見解は、ガバナンスを強化したいと願っている多くのCEOの意向を反映していないのではないか。CFO（財務経理担当役員）が異議を唱えているのならまだしも、CEOが反対しているとは到底考えられない。

世界の潮流に習うまでもなく、監査を受ける側の経営陣が決定権を有している構図では、形からしてガバナンス不在とみられてしまう。それでなくても、少ない監査時間、低い監査報酬などから、わが国の財務報告に対する海外の信頼度は決して高くないのが現実で

ある。

　監査役会が決定権を、経理部門が同意権をもつように主客を逆転させるだけで、財務報告の信頼度を低くしている要因の一つを解消できる。加えて、監査役会の当事者意識が飛躍的に高まり、「財務報告の信頼性担保は監査役会の主要役割である」との認識が根付く。決定権のシフトは、日本型ガバナンス強化に向けての目にみえる形での重要な改革の一つであり、必ず実現しなければならない。金融庁などの官の介入を待つまでもなく、経団連から自主的に法改正を働きかけてもらいたい。

　なお、法務省も意思決定の二元化をもたらすとして反対の意向と聞くが、監査役制度を強化・充実する大きな転換点になりうるとの大局的立場から、考えを変えてもらいたい。

日本監査役協会からの明確な意思表明が必要

　2007年6月、公認会計士法等の一部を改正する法律案の審議時には、決定権シフトについての国会附帯決議が付されたにもかかわらず、その後日本監査役協会側からの明確な意思表示はなされてこなかった。

　ようやく同協会の有識者懇談会（2008年発足）で取り上げられ、2009年4月の報告書「**上場会社に関するコーポレート・ガバナンス上の諸課題について**」では、決定権のシフトについて「見解の一致を見出すには至らなかった」と答申されている。「責任の取れる監査役」を標榜する協会の結論としては、到底、納得できるものではない。

　日本公認会計士協会は、「監査役会が決定の任務を担うべきである」と公式に意見表明しているのに、なぜ明確な答申を打ち出せなかっ

たのか、何に遠慮されたのか不可解である。

　監査役会が会計監査人の選任・報酬決定に責任をもつことは、監査役の地位向上と、わが国のガバナンスへの信頼感向上にとって重要な第一歩である、との信念をもって、当局、経団連、法務省、東証などの説得に務めるのが協会の責務ではないだろうか。

第3章

監査役（会）の実践

　第1章では監査役制度を取り巻く環境を、第2章では日本型ガバナンスの理想の姿を描いてみた。第3章では、理想の姿を実現するために必要な覚悟と、実践してもらいたいことを述べる。

　監査役の経営監視活動のなかで、一番重要なのは、CEOとの定期面談である。この場で、監査役が重要な経営課題についてCEOの見解を問い、問題点の是正に向けて真剣に話し合いできているかどうかで、日本型ガバナンスの有効性が判断される。

　定期面談の実効性をあげるために、監査役は英知を集めて行動を開始しなければならない。

1 監査役としての覚悟

　近年、監査役に選ばれる方の学習意欲は確実に高くなってきた。就任後に法律や手続の書籍を購入し、各種講演会にも頻繁に出席して情報収集に努めている姿勢には敬意を表する。しかし、一番肝心なことは監査役としての覚悟をまず固めることである。覚悟なしでは、いくら知識を積み上げても期待されている役割は果たせないと肝に銘じてもらいたい。

①会社のために働く覚悟

　ラインで仕事をしていたときは、誰のために働いているのかなど考える必要もなかった。強いていえば、担当する部門や支店のため、あるいは上司の期待にそうために働いていたともいえる。

　では、監査役は一体誰のために働くと考えればよいのだろうか。株主総会で選ばれて株主から委任を受けたのだから株主のために働く、というのは正論ではあるが、株主は多種多様すぎて焦点が定まりにくい。

　それでは、自分を選んでくれたCEOのために働くのだろうか。答えは「No」である。監査役は、CEOの部下ではない。

　監査役には、「会社のために働く」という立場をしっかりと認識してもらいたい。会社の長期的かつ、健全な発展に寄与するために働くのであって、CEOを助けるためでもなければ、経営陣を擁護するためでもない。

社会の一員として社会の進歩に貢献している「会社のために働く」ことが、ひいては株主の期待に応えることにもつながる。

② CEOを監視する覚悟

　監査役は、経営上の問題点を指摘して対応を迫る仕事、つまり経営の監視が基本任務である。経営を監視するには、経営トップであるCEOを監視しなければならない。

　CEOは、立派な業績を残してきた名経営者だったり、かつての上司だったり、あるいは自分を選んでくれた敬愛する先輩かもしれない。そのようなCEOの監視なんかできるとも思わないし、やる気持ちもわかない、CEOとは共通の目標をもって仲良く協働作業を行っていきたい、と考える方が多数派かもしれない。あるいは、社員を監視して、CEOの役に立ちたいと思っている方もいるだろう。しかし、監査役が監視する相手はCEOであり、社員ではない。社員を監視するのは、CEOをはじめとする経営陣の任務である。

　会社はCEOの経営方針や言動などを監視して、問題があれば指摘する機能を社内で必要としている。思いがけずにはからずも監査役になったとしても、なった以上はこの任務から逃げ出してもらっては会社が困る。

　監視される側（CEO）と監視する側（監査役）の間では、意見の違いが生じるのはあたり前で、時には対立もありうると覚悟してもらいたい。

　昔、中国の歴代王朝には「諫議大夫（かんぎたいふ）」という官職が置かれていたという。皇帝の誤りを諫め、国家の利害得失について忠告する役目である。皇帝の怒りを招いてもその身の安全は保障されていたといわれる。正に監査役とはこの役目である。

③転職の覚悟

　同じ社内で働き続けるとしても、監査役への就任は「職種の転換」と認識してもらいたい。例えていえば、今までと同じピッチに立ってはいるが、もはやプレイヤーではなく、レフリーの立場になったと気持ちを切り替えなければならない。

　以前に担当していた仕事や経歴は不問である。いや、むしろ邪魔になると考えたほうがよいかもしれない。社内の高い地位で経営陣の一角にいた方、あるいは経理、法務、総務などの責任者として要職にいた方ほど、前職を引きずって指示を出したり、自分で手を下したくなるものだ。また、会社の実状を知りすぎて、課題解決の難しさや人間模様までも手に取るようにわかっていると、かえって意見が偏ったり、口を閉ざしたりしがちになる。

　監査役という未経験の職務に転職したのであるから、前職を忘れ、新しい任務に新人として取り組む覚悟を固めて欲しい。分からないことは素直に問いただし、それぞれの専門家の力を借りる謙虚な姿勢が求められている。

④口火を切る覚悟

　よき企業市民としてルールを守る気風に満ちている、地位や年齢に関係なく社内では自由闊達に議論できる、などの望ましい企業風土は、会社発展のベースである。監査役には、よい社風つくりに力を尽くしてもらいたい。

　まずは取締役会などの場で、聖域を設けずに活発に質問あるいは意見を述べて、自由闊達に議論する、異論を受け入れる雰囲気作りの先頭に立ってもらいたい。監査役が黙っているようでは、建設的な議論は巻き起こらない。いいにくいことであっても、おかしいこ

とはおかしいと発言するのが監査役の義務である。

先頭にたてば、冷たい雨風をかぶることも当然、と覚悟してもらいたい。

⑤再任を期待しない覚悟

法定任期が4年に伸長した影響もあり、再任されるケースは一般的に少なくなっている。再任を期待していると、CEOを監視する目に曇りが生じる恐れが出てくる。任期満了で退任するつもりで、悔いのない4年間を過ごす覚悟がいる。

退任後には、今までと関係のなかった他社で監査役の経験を生かしている方がずいぶんと増えてきた。しがらみのない新天地で、4年の間に培った力を存分に発揮して社会に貢献する道が大きく広がっていると考えてもらいたい。

2 CEOとの定期面談

監査役の経営監視活動のなかで一番重要なのは、CEOと定期的に会って意見交換することである。しかし、監査役によっては、これほど難しくて、悩ましく、気が重たい任務はないと考える方も少なくないだろう。

CEOと監査役のこれまでの関係、お互いの性格、社内経歴、経営思想などを考えると、どの会社でも通用するような面談のベストプラクティスやノウハウは存在しない。

面談の場で一体何を話せばよいのか、どのように進めたらよいの

か、とまどいも多いようだが、残念ながら、この点については弁護士や学者先生からのアドバイスはあまり期待できない。前任者からの引継ぎもなければ、マニュアルもない。それぞれの監査役が置かれた環境を深く洞察し、自社に最適のやり方をもがき苦しみながら模索するしかない。

以下の提案が、いくらかでも参考になれば幸いである。

(1) 定期面談は当然の義務

CEOとの定期面談は、経営を監視するうえで、最も重要かつ、有効な任務である。「会社法施行規則」（2006年2月改定）と、「監査役監査基準」（2007年1月改定）に、「代表取締役との定期的会合」が新しく追加され、今や、少数の会社におけるベストプラクティスから、すべての会社で当然実践されるべき義務へと位置づけが変わったのである。

CEOと監査役が定期的に会って経営問題について意見交換していることは、日本型ガバナンスの有効性を示す重要なポイントである。

何らかの事情でいまだに定期面談が行われていないなら、監査役は最大の課題と捕らえて実現に向けてあらゆる手段を駆使してもらいたい。定期面談なしでは、ガバナンス不在とみなされても反論できないと考えるべきだ。

> **会社法施行規則（2006年2月改定）**
> 第105条
> ① （省略）

②監査役は、その職務を適切に遂行するため、次に掲げる者との意思疎通を図り、情報の収集及び監査の環境の整備に留意しなければならない。
この場合において、取締役又は取締役会は、監査役の職務の執行のための必要な体制の整備に留意しなければならない。
　一　当該株式会社の取締役、会計参与及び使用人
（以下、省略）

監査役監査基準（2007年1月改定）
第4章　監査役監査の環境整備
　　（代表取締役との定期的会合）
　第13条
　　監査役及び監査役会は、代表取締役と定期的に会合をもち、代表取締役の経営方針を確かめるとともに、会社が対処すべき課題、会社を取り巻くリスクのほか、監査役監査の環境整備の状況、監査上の重要課題等について意見を交換し、代表取締役との相互認識と信頼関係を深めるよう努めるものとする。

相互認識と信頼関係を深めるのが目的ではない

　「監査役監査基準」では、面談の目的があたかも「相互認識と信頼関係を深めるため」とも読めるような表現になっているが、このようなあいまいな認識では経営の監視は期しがたいし、面談の目的をCEOに理解してもらうのも難しくなる。
　信頼関係が大事なことには論を待たないが、「CEOを監視するた

めに定期面談しているのだ」という基本の立場をあいまいにしてはならない。

『…意見を交換し、問題点があれば代表取締役に是正を促すよう務めるものとする。』という認識で面談に臨むべきである。

(2) 事前準備

定期面談の場で、CEOと真正面から向き合って話しをするには周到な準備がいる。相手は百戦錬磨のCEOである。準備不十分での面談は効果が薄いどころか、逆効果の恐れさえあることに留意しなければならない。

① CEOを知る

CEOの性格、社内での経歴、経営哲学や経営手法は、社内出身の監査役であればある程度わかっているはずだが、一層深く知る努力を続けてもらいたい。CEOを過剰に神聖視したり、絶対視したりせずに、長所・短所、得手・不得手を冷静に判断することも大事である。

「エントツの外にでたCEO」という話がある。

「熾烈な社内競争を勝ち抜いてCEOになり、ようやく青空が広がるトンネルの外に出た。周囲を見渡してみたとき、自分には金の箔がついていると思っていたが、実はトンネルの中でススをつけていただけかもしれない、との思いにかられた。」というのである。

つまり、どんなに優れたCEOも、就任当初は自らの経験不足や責任の重さに不安を感じている普通の人間である。CEOを冷静に

観察して、その人となりを知る努力を惜しんではならない。

②監査役に対する姿勢を確認する

　監査役に何を期待しているのか、監査役制度をどの程度理解しているのか、CEOの認識は意外なほど幅が広い。

　監査役が経営の監視とCEOへの牽制役割を担う点について、CEOの理解と納得が得られておればこんなにありがたいことはないが、実際にはそうはうまくいかないことも多い。

　CEOの認識が次のどのレベルにあるのか、機会あるごとに話し合って確かめておく必要がある。そして、だんだんと理解を深めてもらわねばならない。

- （ア）法制上必要だから監査役を設置しているが、とくに経営上の貢献を期待しているわけでもない
- （イ）部下の一人として、取締役と同じように自分をサポートしてもらいたい。監査を担当しているのだから、自分の目が届かないところや気づかない点を調べて報告してもらいたい
- （ウ）監査役は取締役の仕事ぶりを監視する役目だから、副社長以下の仕事ぶりに問題があればいってきてほしい
- （エ）自分にはアドバイスしてくれる人がいるので、監査役に監視してもらうつもりはない。監査役はとても自分にものをいえないのではないか
- （オ）監査役は業務執行の最高責任者である自分をしっかり監視して気づいた点は遠慮せずにいってもらいたい。監査役個々人ではいいにくいだろうから、監査役会の総意として指摘してもらいたい

（カ）「監査役会の基本任務はCEOの監視・牽制である」ことを、社内・社外にはっきりと周知しておくべきだ

　CEOの姿勢が監査役にとって満足すべきものでないケースも十分考えられる。社内出身の監査役なら、どうすればCEOを揺り動かすことができるのかわかっているはずであるから、戦略を練って、忍耐強く理解を求める努力を続けなければならない。
　CEOによっては、監査役制度に関する会社法の基本を十分に理解していないことも考えられる。取締役の違法行為差し止め請求権、訴訟の提起権、株主代表訴訟の提訴請求先、監査役の任期4年、社外監査役半数以上、監査役候補者の提案権・同意権、会計監査人の選任・報酬に関する提案権・同意権、などの基礎知識は、要点をメモにして一度、きちんと説明しておく必要がある。

③定期面談のルールを作る

　面談は、きちんとルール化して行うことが大事である。

会合は1ヶ月に一度、1時間程度

　テーマがあろうとなかろうと、定期的に会うのが定期面談である。毎月1回、1時間程度の会合をルールにして、会合終了後、翌月の日時をCEOの秘書に設定してもらっておくのがよい。
　「要件があったらいつでも来てください」とか「CEOは忙しいので時間が空いた時に連絡します」という秘書の言葉を受け入れてはならない。
　緊急事態が発生したときの日程変更はあるとしても、1ヶ月前から予定している重要会議と位置づけてもらうべきである。

定期面談を継続することで、CEOの気力、体力、判断力の定点観測が可能になり、変化の兆候を知ることができる。

CEO一人のみとの会合
　副社長、担当役員、秘書部長などから同席の申し出があっても、必要なことは後ほど知らせるからといって断っておく。余人を交えると、本音の話がしにくくなる。

常勤監査役全員での面談
　社内事情に精通した常勤者のみの方が、CEOも話しやすく実質的な対話ができる。非常勤の社外監査役を入れた監査役全員とCEOの会合は、別途、必要に応じて開催すればよい。

食事をしながらの会合は避ける
　経営問題を真剣に話し合う場であるから、営業時間中に時間を決めて面談する。飲食をしながらでは、どうしても話が散漫になる。

④テーマと資料は事前に配付

　テーマがまとまっておれば、1～2ページの資料にして事前に渡しておく。勿論、資料にないテーマを取り上げてもよいが、監査役側から話したいことを事前に伝えておくほうが実のある意見交換ができる。

(3) テーマの選定

「監査役監査基準」では次のようテーマが例示されている。

- 代表取締役の経営方針
- 会社が対処すべき課題
- 会社を取り巻くリスク
- 監査役監査の環境整備の状況
- 監査上の重要課題

いずれも適切かつ重要であるが、面談時にはもっと深く掘り下げた具体的なテーマを取り上げて所見を問い、意見を交わしてもらいたい。

CEOの経営理念
- 社内に浸透させたい経営理念はなにか
- どのような会社を目指したいのか
- どんな企業風土が望ましいと考えているのか
- 「トップの正しい経営姿勢」として何を重要視しているのか
- 任期中に達成したいことは何か
- どのような人材を育てたいのか
- CEOが喜びや、落胆を感じるのはどんなことか
- 後継者の条件としてどんな点を重視しているか、など

経営課題
- ○ 経営目標の達成度をどのように評価しているか
- ○ 会社が抱えているリスクのトップ３は何か
- ○ とくに気になっている部署あるいは課題は何か
- ○ 会計監査人、内部監査部門の指摘事項に対応しているか、など

ガバナンス体制

　自社のガバナンス体制は、CEOと監査役が知恵を出し合い、力を合わせて改善すべき共通の課題といえるので、話し合うべきテーマは多い。

- ○ 会社の機関設計はどうあるべきか
    - ・委員会方式を選択しない考え方を対外的にどう説明するか
    - ・経営監視機関としての監査役会の位置づけをどう宣言するか
- ○ 経営会議、取締役会などの運営に満足しているか
    - ・メンバー、議題、審議時間、審議内容、議事録は適切か
    - ・社外役員（取締役・監査役）は機能しているか
    - ・議長は活発な議論を心がけ、メンバーの発言を促しているか
    - ・グループ経営会議は必要か
- ○ 取締役の選任プロセスは従来どおりでよいか
    - ・選任手法を変更すべきか
    - ・取締役の任期短縮（２年→１年）は必要か
    - ・社外取締役は必要か
    - ・CEOの任期（内規）は公表すべきか
    - ・執行役員制度は必要か
- ○ 監査役会は機能しているか

- 経営の監視ができているか
- CEOと実のある定期面談ができているか
- 監査役選任の同意権、提案権は行使されているか
- 社外監査役にはどのような方を選ぶべきか
- 子会社の監査役は親会社から派遣すべきか
- 株主からの損害賠償提訴にどう対応するか
- 会計監査人の選任と監査報酬の決定にどう関与すべきか
- グループ監査役会は機能しているか

○役員報酬は見直しすべきか
- 業績連動報酬制度は適切か
- ストック・オプション制度は必要か
- 役員退職慰労金制度は廃止すべきか
- 監査役の報酬をどう考えるか
- 監査役への役員賞与やストック・オプションは廃止すべきか
- 役員の個人別報酬は公表すべきか
- 損害賠償責任の免除規定は必要か
- D&O保険はどの程度利用すべきか

○リスクマネジメント体制は大丈夫か
- リスクマネジメント委員会は機能しているか
- 内部統制制度の欠陥はどの点か
- 内部監査部門をもっと強化すべきか
- 「内部情報通報制度」は機能しているか、など

監査役側からの情報提供

監査役は社内、社外から得た情報を積極的にCEOへ提供する。

○ CEOの経営理念や示達内容の社内浸透度合い
○ CEOの会議の運営、発言内容への出席者の反応
○ 各種社内委員会の運営振り、雰囲気
○ 社員の関心事、心配事
○ 監査役としてとくに気になること
○ 株主や機関投資家の見解
○ 法律、会計面での最新動向
○ ガバナンス面での他社の好事例
○ 海外におけるガバナンスの最新動向、など

　テーマは、監査役が1ヶ月かけて選び抜くことになる。監査役の日常活動は、CEOに何を伝えるかを選ぶためのプロセスともいえる。
　どの会社にも分かってはいるが聖域になってしまってなかなか手を出せない、心配しつつも先送りになっている課題を大なり小なり抱えている。他の誰も言い出さない、手をつけないテーマこそ監査役が取り上げるべきである。どのようなテーマを選ぶかで、監査役の力量が問われていると考えるべきだ。

(4) 面談の進め方

　CEOと常勤監査役の関係次第で面談の進め方はおのずから決まってくるが、以下のアドバイスを参考にしてもらいたい。

監査役会としての意見を述べる
　CEOとの今までの関係から、監査役個々人の意見では耳を傾けてもらいにくいかもしれない。監査役会という機関としての考えを

述べて、それをベースにして意見交換するのが有効である。

テーマを絞る

「あれもできていない」「これも問題だ」とあれこれ言い過ぎると、ときには逆効果を招く。忙しいCEOに沢山のことを一時にいうと、インパクトが減殺されてしまうので、テーマは極力絞り込んでおく。

素直に話す

耳にいたい話は言う方も聞く方も緊張してしまいがちだが、努めて淡々と素直に話すしかない。考えすぎると、かえってギクシャクするものだ。

激励する

CEOが注力していることには激励を、改善されたことには賞賛を口にする。CEOにとっても大きな励みになる。

ときには聞き役に徹する

ときには、CEOの思いをとことん聞くことを心がける。特別のテーマがないときは、CEOの話をじっくり聞きたいと申しいれておくとよい。CEOの話をじっくりと聞く相手は、社内では意外に少ないものである。

代案を考える

監査役の発言に対してCEOが聞くだけの姿勢で自らの意見を述べないとか、逆にCEOが一方的に話すだけになるなど、面談がスムーズに進まないこともありうる。意見交換が成り立たなくなるよ

うであれば、テーマの選択を考え直すか、たまには監査役側に同席者を増やす（会計監査人や、社外監査役など）などの代案を試みる。

3 その他の経営監視活動

　監査役の経営監視には何の制約も課せられていないので、必要と判断すれば自由に活動できる。しかし、社内各層の理解と協力を得るには、やはり「活動内容」と「視点」の両面で一定の規律が必要である。

(1) 日常活動の留意点

　前述した「CEOとの定期面談」以外では、「重要会議への出席」「書類の閲覧」「内部監査部門との会合」「経営幹部との面談」「現地訪問」「グループ会社監査役との面談」「会計監査人との会合」「社外関係者との会合」などが監査役の日常活動となる。
　いずれも経営が正しく行われているかを評価し、問題があれば是正を促すための大事な活動であるが、それぞれの留意点を述べておく。

①重要会議への出席
　取締役会には全監査役が、経営会議やそのほかの重要会議には監査役が手分けして出席する。
　取締役会では、監査役の「視点」からの質問や意見を積極的に発

言し、活発な議論を促す役目を果たす。ときには、「〇〇取締役の意見はどうですか」と問うのも一法である。

経営会議には常勤監査役の代表１名のみが出席、常勤監査役全員が出席、社外監査役（非常勤）も出席と、会社によってパターンが分かれるが、いずれにも長所と短所がある。代表１名のみの出席であれば、取締役会で同じ議題が審議されるときに、経営会議に出席していない常勤監査役あるいは社外監査役は自由に質問できるプラス面もある。

その他の重要会議のどれに出席するかは、「**監査役が判断する**」点をCEOと基本合意しておく。出席の可否は会議の主催者が決めるのではなく、監査役が判断するが、定例会議についてはあらかじめ期初からどの監査役が出席するかを決めておき主催者に連絡しておくとよい。

例えば、「販売促進会議」には出席する必要がなくても、「リスク管理委員会」や「賞罰委員会」には必ず出席すべきであろう。

②書類の閲覧

取締役や執行役員の決裁済み書類は、自動的に回付される仕組みにしておく。不明の点や疑問があれば決裁者に直接説明を求め、決裁内容はすべて監査役がみている点を認識してもらっておく。

注意すべきは、本来規程どおりに申請・決裁されるべき事項が、意図的に「稟議漏れ」となって、特定の幹部への報告だけで終わってしまうことである。

③内部監査部門との会合

内部監査部門から報告を受けるときには、指摘事項および改善提

案に対する被監査部署の反応、反論がどうだったのかを詳しく聞いておく。内部監査への協力度合い、被監査部署の雰囲気、責任者の評価など、監査報告書では言及されない点についても感想を求める。

④経営幹部との面談

　取締役、執行役員、部長、支店長などとの面談は、年初に決めたスケジュールにしたがって進める。面談の要諦は、「聞くこと」つまり相手の話に耳を傾けて課題と解決策を**「聞き出すこと」**につきる。

　監査を意味する「Audit」の語源は、ラテン語の「Audire」で、to hearつまり相手の説明を聞くことだ。相手が全精力を傾注している担当業務について、尊敬の念と重大な関心をもって真剣に耳を傾ければ、必ず胸襟を開いてもらえる。

　「仕事で苦労している点は？」「どんな工夫をしたのか？」「仕事の醍醐味は？」「将来、どうしたいのか？」などを熱心に問えば、課題も、解決策も、阻害要因も聞きだせる。改善を妨げている制度や個人名までも教えてもらえる。

　これまで多くの部下を抱えて、指示や訓示や説教を与える立場にいた監査役には少々つらいかもしれないが、「聞き出す」のが面談の極意と心得てひたすら核心を突いた質問をして、相槌をうちながら聞き役に徹してもらうことをお勧めする。

⑤現地訪問

　自社の工場、支店、子会社、あるいは営業倉庫、業務委託先などの現地を訪問し、現物をみて、そこで働く方の話を聞くのは貴重な情報源である。社員が生き生きと働いているかどうかは、現地を訪

問して初めてわかる。

⑥グループ会社監査役との面談
　子会社・関連会社の監査役は、各社の経営状況、CEOの経営振りを公正に聞かせてくれる一番大事な相手である。会議の場で、あるいは一対一で、親会社とグループ会社の監査役が面談して情報交換している事実は、グループ会社CEOへの牽制力にもなる。

⑦会計監査人との会合
　「雇い主」としての立場で、会計監査人とは頻繁に会って情報入手に努める。会計や内部統制上の課題に加え、経理部門の要員充足度や会計知識の理解度、社内各部署の監査への協力度なども積極的に質問する。

⑧社外関係者との会合
　日本監査役協会、他社の監査役、日本内部監査協会、機関投資家、投資アドバイザー、証券取引所などの社外関係者とは、幅広くお付き合いして情報収集に努める。とくに、他社の監査役は貴重な情報源である。日本監査役協会を通じて知り合った他社の監査役とは、同じ悩みや苦労を忌憚なく話し合って、お互いのベストプラクティスを学ぶことができる。
　投資アドバイザーを訪問して、株主へのアドバイス内容や、最新のベストガバナンスを学ぶことも大事である。「株式の持ち合い」「買収防衛策」「ストック・オプション」「第三者割り当て大型増資」「社外役員の独立性」「配当」「役員賞与」「役員退職慰労金」などについて、投資家が何を期待しているのか、学ぶべきテーマは多い。

(2) 経営監視の視点

　CEOの「経営推進力」に対応して、監査役（会）にもとめられているのが「経営監視力」である。経営全般にわたり、聖域を設けずに監視する力である。
　では、どのような「視点」から経営を監視すればよいのだろうか。
　収益拡大策、新商品開発、設備投資、企業買収、不採算事業からの撤退などの重要課題を、経営陣とまったく同じ立場で、同じ視点で論ずるのでは監査役としての存在意義が薄れてしまう。
　監査役の「視点」は、「ガバナンス」「リスクマネジメント」「コントロール」の３点である。

①ガバナンス
　ガバナンスは、「トップ体制」と言い換えることもできる。「Tone at the Top（トップの正しい経営姿勢）」と「経営意思決定機関と経営監視機関の体制」が適切であるか、という視点である。
　取締役会、経営会議、監査役会などは雲の上の組織とみられがちで、少数の役員・社員だけが関与する聖域になりかねない。そうなると、古色蒼然とした旧態依然の考え方と運営がまかりとおり、いつまでも旧習が引き継がれていく。トップ体制にメスを入れ、改革を促すために問題点を指摘して、改善策を提言するのは監査役の任務である。

②リスクマネジメント
　リスクを、単なるビジネスリスクやファイナンスリスクにとどめ

ず、ガバナンスリスクやコントロール（内部統制）リスクも包含したERM（Enterprise Rsik Management）ととらえるなら、経営監視の視点をこの1点に集約することもできる。

リスクマネジメント部などの事務局は、どうしてもオペレーショナルリスクに力点を置きがちになるので、経営レベルのリスクは監査役が監視すべきである。

経営リスクの例
- 経営会議の審議不十分リスク
- 監査役機能不全リスク
- 利益目標の形骸化リスク、など

経営リスクは、取締役会や経営会議で少なくとも年1回はレビューして、リスクの変化や前年からの改善度合いを評価するよう進言する。

③コントロール（内部統制）

内部統制の視点は、「規則不徹底リスク」や「過剰な承認手続リスク」などととらえて、上記のリスクマネジメントの視点に含めて考えることもできるが、忘れてならないのはコントロールのベースとなるのは「統制環境」である。

「企業風土」「各組織、各職場に流れる空気・雰囲気」「社員の働く意欲」「組織間のコミュニケーション」などは数値化できるものでもないが、よい方向に向かっているのか、昨年よりは好転したのか、重要な評価テーマである。

4 自己評価と自己研鑽

(1) 監査役会活動の自己評価

　監査役設置会社では、社内の全部署、全機能が例外なく、監査役（会）の監視対象となる。社内の最高権力者であるCEOといえども、「裸の王様」にならないように監査役（会）が監視・牽制する仕組みにしている。

　では監視専門機関である監査役会は、誰が監視し、評価するのだろうか。

　残念ながらそのような監視組織は社内に存在しないので、何らかの代案が必要となる。代案は、監査役が自らの活動を厳しく自己評価して取締役会に報告することである。

会計監査人による評価

　2008年度から始まった「財務報告に係る内部統制報告書」の監査では、会計監査人が監査役会の監視機能も評価することになった。金融庁の「**財務報告に係る内部統制の評価及び監査に関する実施基準**」では取締役会や監査役会の監視機能が機能しているかどうか、を確認しなければならないとしている。とりわけ監査役会が「経営者を監督・監視する責任を本当に理解しているのか」「理解したうえで適切に実行しているのか」を会計監査人が厳格に評価する新しい仕組みへの期待は大きい。

しかし、会計監査人がどこまで踏み込んで評価したのか、2008年度の結果をみる限りではいま一つはっきりしていない。監査役会が経営監視の役割を遂行しているかどうかは、内部統制の根幹に関わる重大事であるので、この点の評価をあいまいにしたままで、単に、規定や議事録の存在を点検するだけにとどまっているのであれば、今回の内部統制監査も「大山鳴動してねずみ一匹」といわざるをえない。会計監査人の2年目以降の評価に期待したい。

「財務報告に係る内部統制の評価及び監査に関する実施基準 III 4 (1) ② (金融庁)」

会計監査人は、全社的な内部統制の整備及び運用の状況の検討に当たっては、取締役会や監査役会又は監査委員会役 (＊以下、監査役会などと略する＝筆者の注) における監視機能について、例えば以下の点に留意して確認することが重要となる。

　イ．監査役会などの責任が記載された規定が存在しているか。
　ロ．監査役会などの開催実績や議事録等が存在しているか。
　ハ．監査役会などの構成員は、内部統制の整備及び運用に関するモニタリングを実施するため、経営者を適切に監督・監視する責任を理解した上で、それを適切に実行しているか。
　ニ．監査役会などは、内部監査人及び監査人と適切な連携を図っているか。

自己評価が必須

監査役会には監視の目が注がれないので、厳しく自己評価してその結果を取締役会に報告して批判を仰ぐべきである。

訪問先、面談者、頻度などの表面的な羅列ではなく、「経営を監視できたのか」という点を中心に自己評価する。

- 不正経理や不祥事は起きなかったか
- CEOと定期的に面談して、タイムリーに問題点を指摘できたか
- ガバナンスや内部統制の改善提案は実現したのか
- 前年と比べ、経営の透明度は高まったか
- 望ましい社風が醸成されつつあるか
- 監査役会が年初に掲げた計画は達成できたか、など

監査役（会）も組織の一部である以上、PDCAを回して毎年レベルアップを図ることが期待されているのである。

(2) 自己研鑽

監査役はそれぞれの分野で相応の実績と経験を積んだ方ばかりであるが、監査役としての過去の蓄積・遺産はもち合わせていないので、いわば「ずぶの素人」である。新人は自己研鑽に励んで力量をアップしなければならない。

しかし、関連法規を第1条から丹念に読むとか、簿記・会計を一から学ぶような時間の使い方は効果的ではないのでお勧めできない。

以下は、研鑽を続けるうえでのいくつかのアドバイスである。

なぜそうなるのか、背景を考える

わからないことを参考書で調べる場合も、どのような背景でそうなっているのかを自分で考えてみる。ルール改定や制度新設の理由

や背景がわかると、内容の理解が一段と深まり、問題点も明らかになってくる。

細部にこだわらず、本質は何か、を常に自分の頭で考えてみる。

監査役同士で意見交換する

他社監査役との意見交換や議論は、学習の早道である。業種も社風も違う他者の監査役が考えていること、実践していることは、新鮮で、驚くことが多い。貴重な情報の宝庫として活用する。

日本監査役協会の実務部会に参加すると、意見交換できる監査役仲間が増える。議論を続けていると、問題解決の知恵と勇気が沸いてくる。

ウェブサイトを活用する

各種機関、先進的な会社のホームページを丹念にみる。金融庁、東証、日本監査役協会などの国内機関に加え、次のような海外のサイトも貴重な情報源である。

「Institute of Internal Auditor（IIA）＝内部監査人協会」
「Institutional Shareholder Services（ISS）＝議決権行使助言会社」
「CalPERS＝カルフォルニア州年金基金」
「NYSE＝ニューヨーク証券取引所」など

CIA資格試験にチャレンジしてみる

監査役には免許もないし、資格試験も存在しないので、自分の理解度や力量が十分かどうかを客観的に評価することは難しい。

お勧めしたいのは、比較的関係が深いと思われるCIA（Certified Internal Auditor＝公認内部監査人）資格への挑戦である。内部監

査の技法のみならず、ガバナンス、COSO、ERM、内部統制など監査役が理解しておくべきテーマが多く含まれている。世界共通の資格試験を、日本語で、しかも好きなときに受験できるので、会社生活を送りながら準備できる利点がある。

試験は4科目
 Part I ガバナンス、リスク、コントロールにおける内部監査の役割
 Part II 内部監査の実施
 Part III ビジネス分析と情報技術（IT）
 Part IV ビジネス・マネジメント・スキル

国際会計基準を日本基準と比べてみる

 会計に縁がなかった監査役にとって、会計を一から学習するのは気が重たいし、時間も足りない。

 今、脚光を浴びている国際会計基準（IFRS=International Financial Reporting Standards）を日本の会計基準と比較して、どのように違うのかを自分なりに理解するのは、会計のポイントを効果的に把握する一つの方法としてお勧めしたい。「繰延税金会計」「減損会計」「退職給付会計」などはようやく定着してきたが、すぐ目の前で「包括利益」「負債の評価損益」などのまったく新しい概念が検討されている。これまでの考えとどこが違うのか、なぜ変えようとしているのかがわかると、会計の本質をより深く理解できる。

おわりに

岐路にあるガバナンス

　CEOの「経営推進力」と、監査役（会）の「経営監視力」を車の両輪として正しく機能させるのが日本型ガバナンスの理想の姿と述べた。

　だが、現実は理想と大きく乖離しているではないか、ギャップはいつまでも埋まらないのではないか、との悲観的な見方があるのも事実である。

　「監査役制度は世界に誇れるガバナンスだ」となるのか、「やはり監査役制度では無理だ。欧米式の社外取締役中心のガバナンスにすべきだ」となるのか、まだまだ議論は続きそうだ。

　勝負は、どちらの企業がより社会の発展に役立ち、社員や消費者の幸せに貢献できているか、で決まってくるものと思われる。制度そのものの良し悪しを議論しても結論は出そうにないが、制度を動かす「人」、とりわけCEOと監査役の考え方と行動が、ガバナンスの優劣を大きく左右するのは間違いない。

日本の文化・風土に根ざす監査役制度

　日本企業の良さ、強さは、社員を何よりも貴重な経営資源と考え、それぞれの能力と意欲を引き出し、チームワークで成果を目指す経営の仕組みにある。この仕組みは、自分たちの組織だからこそ、外部の手を借りずに自らの手でよくしていきたいという「自律」の精神に支えられている。社内出身の常勤監査役を中心とする社内機関が経営を監視し、CEOを牽制する監査役制度もこの延長線上にある。

日本文化のよさをアピールするうえでも、監査役制度を今一度、世界に向けてきちんと説明し、理解を求めるべきではないだろうか。

CEOへの期待

　CEOのガバナンスに対する関心は、近年、飛躍的に高まってきた。

　業績回復に日夜、腐心しているだけでは不十分で、不祥事を防止する、良い社風を醸成するのもCEOの大事な務めとわかっている。そのためには自分にもの申してくれる機関が社内に必要だ、とも理解している。監査役会が担う大事な役割への認識も進み、監査役の人選には従来とは比べものにならないほど真剣に意を払っている。

　CEOの業績は「利益」だけではなく、任期中にどれだけガバナンス体制を改革したか、望ましい社風にどれだけ近づけたか、すばらしい後継者を選んだか、で評価される時代である。監査役会の意見に耳を傾けながら、「正しい経営姿勢」で存分に経営の腕を振るってもらいたい。

監査役への激励

　監査役も年とともに若返り、役割への認識も飛躍的に高まってきた。CEOとまともに話もできないような昔風の監査役は、今やほとんど見当たらないし、定期面談も段々と定着してきたようだ。

　監査役には、「よい会社つくりに一肌脱ぐ侠気」と、「CEOを揺り動かす情熱」をもって、経営を監視してもらいたい。監査役は、会社人生の終盤を飾るにふさわしい働き甲斐のある任務であり、今後の人生に新しい世界を提供してくれる。

　この時期に監査役に就任した幸運をかみ締めて、悔いのない充実した日々を過ごしてもらいたい。

あとがき

　伊藤忠商事では、40年余の間、数多くの方に助けられながら本社・海外店・出向先で経理、経営企画、監査を担当してきた。商社の表舞台である営業部門は一度も経験できなかったが、半面、歴代経営陣の近くで会社経営の一端に触れる貴重な体験ができた。

　最後の12年間は、同期の丹羽宇一郎氏（現在、同社会長、地方分権改革推進委員会委員長）と一緒に仕事する機会に恵まれた。1991年にロンドンから呼び戻されて以来、最初は業務部長（他社でいう経営企画部長）と部長代行、次いで社長と監査部長、最後は社長と監査役の間柄で、厳しくも充実した年月を過ごし多くを学ぶことができた。彼の経営者としての功績はいまさら述べるまでもないが、真骨頂はあくなき情熱と、胸に響く言葉で多くの社員を魅了し、強烈なインパクトを与え続けたことにある。

　「丹羽語録」のなかから、忘れることのできない二つの言葉を紹介したい。

「清く、正しく、美しく」

　丹羽社長は、就任直後に自らの経営理念を「清く、正しく、美しく」と発表した。社員は一瞬、キョトンとして、次にふきだす者もいた。「どこかで聞いたぞ。そうだ、宝塚歌劇団のモットーだ。商社の経営とどんな関係があるのか。」

　「ダーティなことには手を出すな、クリーンなビジネスを目指そう。取引先とはディスオネストではなく、常にオネストなお付き合いをしよう。アグリーな仕事をするな、ビューティフルで周囲から

敬意を払われるような仕事をしよう。Clean, Honest, Beautifulは、世界中の伊藤忠パーソンに守ってもらう経営理念だ。」と、簡潔な言葉で、トップの正しい経営姿勢を伝えた。

「沈黙は会社への反逆だ」

「問題があると知っていながら指摘しない」「発言すべきときに口を閉ざす」のは、会社に反逆を企てているのと同じぐらい罪が重い、との趣旨である。

自分に不利になろうとも、上司・同僚に疎んじられようとも、会社のためにいうべきことはいわなければならないとのメッセージは、とりわけ監査に従事している者にとって大きな励ましであり、叱咤でもあった。

伊藤忠を退任した後、民間の経営経験者として日本道路公団の業務改革本部長に登用された。経済合理性の働かない予算至上主義の経営、ガバナンスの機能不全、監督官庁の過剰介入、前例踏襲・現状維持の組織風土など、民間とは天と地の違いだった。政府系機関に共通するこれらの問題点は、すべて「まずい仕組み」に起因していると痛感した。民営化は万能ではない。しかし、現在、誠実で優秀な社員が生き生きと創意工夫に励んでいる姿をみるにつけ、株式会社化の効果は極めて大きかったと評価できる。

「各人が持てる力を存分に発揮している」「自由闊達に意見を出し合える」職場になれば、社員は確実に変わる。社員が変われば、社会も地域もよい方向に変わっていくものと期待できる。

CEOと監査役にはすばらしい会社作りに向けてそれぞれの立場で全力を傾注してもらいたい、との願いを本書から汲み取っていた

だければ望外の喜びである。

　最後に、妻・佳子に感謝の気持ちを伝えたい。

　「あなたから伊藤忠を引いたら何も残らないのでは？」といいながらも、長年にわたり懸命にサポートしてくれた。心から「ありがとう」とお礼を述べておく。

2009年9月
別府正之助

《著者紹介》

別府　正之助（べっぷ　しょうのすけ）

　伊藤忠商事株式会社入社後、海外勤務13年（ニューヨーク、ロンドンなど）、業務部長代行（経営計画担当）、監査部長などを経て、2000年常勤監査役就任。

　2004年　日本道路公団　参与・業務改革本部長、分割・民営化後の中日本高速道路株式会社常務取締役（コーポレート部門担当）、常勤監査役を経て、現在同社顧問。

日本内部監査協会CIAフォーラム世話人、日本監査研究学会会員
CPA（米国公認会計士）、CIA（公認内部監査人）

（検印省略）

平成21年11月30日　初版発行　　　　略称：別府監査

経営を監視する監査役
―日本型ガバナンスのキーパーソン―

著　者　　別　府　正之助
発行者　　中　島　治　久

発行所　同文舘出版株式会社
東京都千代田区神田神保町1-41　〒101-0051
営業（03）3294-1801　編集（03）3294-1803
振替 00100-8-42935　　http://www.dobunkan.co.jp

Printed in Japan 2009　　　　製版　一企画
印刷・製本　萩原印刷
ISBN978-4-495-19441-3